トレーニングノートα

漢字

はじめに

漢字力は国語の読解力・表現力とも密接な関係があるたいせつな知識である。本書は、この漢字力をつけるための初級編として、基本的な漢字の学習を目的とした問題集である。

漢字は、表意文字(ちなみに英語は表音文字である)で、それぞれの漢字には意味がある。その意味を知っていれば漢字の学習はたいへん楽になる。本書では、漢字の意味を考えながら学習できるような構成になっている。やみくもに漢字を覚えるのではなく、意味を考えながら漢字を学習するよう心がけてほしい。

本書を活用することによって漢字力がつき、ひいては、国語力全般の学力向上につながることを確信している。

本書の特色とねらい

(1) 設問となっている漢字は，小中学校で既に学習した常用漢字の基本的なものが中心である。また、改定された常用漢字表に加えられた漢字も取り入れてある。

(2) 各問題は見開き二ページで、解答はすべて書き込み式になっている。解答欄は大きくとってあるから、一点一画を丁寧に書き込んでいってほしい。必要以上に細かいところに神経を使わないで、どんどん書くことが、漢字力上達の秘訣である。(15・17・19ページの囲み記事「ザ・漢字　アラカルト」参照)

(3) 漢字は繰り返して練習しなければ力がつかない。各問いの上にチェック欄があるので、できなかったものには印をつけて、覚えるまで何度も何度も練習することが、漢字力をつけるうえで不可欠である。

(4) 各問題に配点を示してある。基本的な漢字の読み書きばかりだから、八割以上を目標にしてほしい。

(5) 意味を知っておくと学習に役立つと思われるものや、間違えやすい読み書きについての注意点などを、左側に小さい字で示してある。

(6) 「ザ・漢字　アラカルト」という囲み記事には、覚えておくと何かのときに必ず役立つ知識をまとめてある。漢字を書いて疲れた手を休めて、一読することをお勧めする。

目次

ザ・漢字 アラカルト

1 最重要漢字の読み取り（1）

「常用漢字表」が改定され、二一三六字となった。その中から必ず読めなければならない漢字を⑴と⑵に分けて一〇〇題あげてある。

得点　／50点

〔　月　日〕

◇次の太字の漢字の読み方をひらがなで書きなさい。（1点×50）

- □① 自然の**営**み の不思議さ。　＊行為・しくみ
- □② 集会に出席するように**促**す。　＊催促する
- □③ ミスから作戦が**瓦解**する。　＊全体が崩れる
- □④ 一か所を**凝視**する。　＊じっと見つめる
- □⑤ 彼は**語彙**が豊富だ。　＊使用する語句の種類
- □⑥ 優勝に**貢献**する。
- □⑦ **失踪**した人を捜す。
- □⑧ 最優秀作品に**嫉妬**する。
- □⑨ 寄付を**募**る。　＊募集する
- □⑩ 長年の思いを**遂**げる。　＊果たす
- □⑪ 物陰に身を**潜**める。　＊隠す
- □⑫ **微妙**な差に気づく。
- □⑬ **風呂**につかる。
- □⑭ 他人を**嘲**るのはよくない。　＊ばかにする
- □⑮ 敵を**一蹴**する。　＊簡単に負かす
- □⑯ 大気の**汚染**を防止する。　＊よごれ
- □⑰ **苛酷**な戦いに身を投じる。　＊きわめてひどく、厳しいこと
- □⑱ 改まった**口調**で話す。　＊言葉の調子
- □⑲ 暗幕で**遮蔽**する。　＊覆い隠す
- □⑳ 生物学の**謎**を解き明かす。
- □㉑ 全国への**普及**を目指す。　＊広くゆきわたること
- □㉒ 有名な神社に**詣**でる。

□㉓ 会議を**円滑**に進める。 *物ごとがなめらかにはこぶこと （　　）

□㉔ 規制を**緩和**する。 *ゆるやかにすること （　　）

□㉕ 新製品の**企画**を立てる。 *計画 （　　）

□㉖ 常に**謙遜**していばらない。 *へりくだる （　　）

□㉗ 瞳を**凝**らして見る。 *一点に集中させる （　　）

□㉘ **刹那**のできごと。 *瞬間 （　　）

□㉙ 二人といない**美貌**の持ち主。 （　　）

□㉚ **不朽**の名作を鑑賞する。 *後の時代まで価値が失われないこと （　　）

□㉛ **妖艶**にほほえむ。 *あやしくあでやかで美しいさま （　　）

□㉜ 油断をしないよう**戒**める。 *教え諭す （　　）

□㉝ **穏**やかな春の一日。 *落ち着いて静かな様子 （　　）

□㉞ **臆病**な子を励ます。 （　　）

□㉟ **禁錮**三年の刑。 *刑務所に拘置されること （　　）

□㊱ **鍵盤**ハーモニカを演奏する。 （　　）

□㊲ 外国にいるような**錯覚**に陥る。 （　　）

□㊳ **真摯**な態度を見せる。 （　　）

□㊴ **脊椎**が少し曲がっている。 （　　）

□㊵ 最後まで**妥協**しないで争う。 （　　）

□㊶ 部屋いっぱいに香りが**漂**う。 （　　）

□㊷ ペットを**溺愛**する。 （　　）

□㊸ 額に浮かぶ汗を**拭**う。 （　　）

□㊹ 色合いが淡く美しい**便箋**。 （　　）

□㊺ 失敗が続いて**憂鬱**になる。 （　　）

□㊻ チャンピオンの地位を**獲得**する。 （　　）

□㊼ 食べ物の好みが**偏**る。 *「にんべん」に注意 （　　）

□㊽ 牛は牧草を**臼歯**ですりつぶす。 （　　）

□㊾ 人生の**岐路**に立つ。 *わかれみち （　　）

□㊿ 町の歴史を**詳**しく調べる。 （　　）

2 最重要漢字の読み取り (2)

◇次の太字の漢字の読み方をひらがなで書きなさい。(1点×50)

□① お寺の**境内**で遊ぶ。 *敷地の内 (　　)
□② 失敗を**謙虚**に反省する。 *素直な気持ち (　　)
□③ 先生に許しを**乞**う。 (　　)
□④ 新しい方法を**試**みる。 (　　)
□⑤ **山麓**の町で暮らす。 (　　)
□⑥ 帰省する車で道路が**渋滞**する。 (　　)
□⑦ 調査して**詳細**な報告書を提出する。 (　　)
□⑧ **凄惨**なできごと。 *ひどくむごたらしいさま (　　)
□⑨ **戴冠**式を行う。 *王が即位して冠を頭にのせること (　　)
□⑩ **怠惰**な生活を改める。 *なまける気持ち (　　)
□⑪ **巧**みな話術を操る。 (　　)

□⑫ **体裁**を気にしない。 *外見・様子 (　　)
□⑬ 落ちこんでいる友人を**慰**める。 *いたわりなだめる (　　)
□⑭ **柔和**な顔つきの女性。 *やさしい様子 (　　)
□⑮ 人生の**伴侶**を得る。 (　　)
□⑯ 高校時代の恩師の**訃報**が届く。 *死去したという知らせ (　　)
□⑰ 交通事故の原因を**分析**する。 (　　)
□⑱ 人ごみに**紛**れて姿を消す。 (　　)
□⑲ 論理の**矛盾**を突かれる。 (　　)
□⑳ **緩**やかな坂道を登る。 *ゆったりした様子 (　　)
□㉑ **要塞**を国境付近に築く。 *軍事的に防備するための施設 (　　)
□㉒ 山の影が湖に**映**っている。 *反射する。「写る」との違いに注意 (　　)

(　月　日)

得点
/50点

□㉓ 笑顔で**会釈**を交わす。
＊軽く一礼する
（　　）

□㉔ 感情を**抑**えて冷静に話す。
＊「押さえる」との違いに注意
（　　）

□㉕ 無理な行動で危機に**陥**る。
（　　）

□㉖ 胸が**躍**るようなすばらしい体験。
＊「踊る」との違いに注意
（　　）

□㉗ 野を**駆**ける少女。
（　　）

□㉘ 心の中で**葛藤**する。
（　　）

□㉙ **郷愁**を誘うような物語。
＊ふるさとを懐かしく思う心
（　　）

□㉚ **緊急**事態が発生する。
（　　）

□㉛ 人が通った**痕跡**を見つける。
（　　）

□㉜ 地獄の**沙汰**も金次第
（　　）

□㉝ **腫瘍**を取り除く。
（　　）

□㉞ **所詮**かなわぬ夢だと思っていた。
（　　）

□㉟ ボランティア活動を**奨励**する。
（　　）

□㊱ 一点差で**惜敗**する。
（　　）

□㊲ 和洋**折衷**の住居に住む。
＊「和洋折衷」で日本風と西洋風とを併せること
（　　）

□㊳ **煎餅**を割って食べる。
（　　）

□㊴ 赤ん坊の機嫌を**損**なう。
＊悪くする
（　　）

□㊵ **粗末**な食事にうんざりする。
（　　）

□㊶ 二人は**黙**って歩いていた。
（　　）

□㊷ 社会の**秩序**を保つ。
（　　）

□㊸ 祖父が**珍重**していた品物。
＊大切にすること
（　　）

□㊹ 先生から**丁寧**な指導を受ける。
（　　）

□㊺ 作文の**添削**指導を受ける。
＊文章などを直すこと
（　　）

□㊻ **汎用**性の高い道具。
（　　）

□㊼ **肥沃**な土地で農耕する。
（　　）

□㊽ 道を**隔**てて公園がある。
（　　）

□㊾ 教師**冥利**に尽きるできごとだ。
＊ある立場にいることによって受ける恩恵
（　　）

□㊿ **痩**せるためにジョギングをする。
（　　）

3 最重要漢字の書き取り (1)

「常用漢字」の中から、必ず書けなければならない漢字を(1)～(3)に分けて一五〇題あげた。読むより書く方が難しいが、重要な漢字だから必ず書けるようにしよう。

〔　月　日〕

得点　　　/50点

◇次の太字のカタカナを漢字に直して書きなさい。（1点×50）

□① 親に**ア**てた手紙。（　　）
□② 日光を全身に**ア**びる。（　　）
□③ **オウフク**乗車券を買う。（　　）
□④ 不足している物資を**オギナ**う。（　　）　＊足りない分を埋めて満たす
□⑤ 母の故郷を**オトズ**れる。（　　）
□⑥ 先輩の胸を**カ**りて練習する。（　　）
□⑦ あえて**キケン**を冒す。（　　）
□⑧ **キチョウ**な資料が見つかる。（　　）
□⑨ 寒さが**キビ**しくなってくる。（　　）
□⑩ 監督の要求に**コタ**える。（　　）
□⑪ **サイハイ**が的中する。（　　）
□⑫ 敵の**スキ**につけこむ。（　　）
□⑬ 料理の**センモン**家の指導を受ける。（　　）
□⑭ 試験に**ソナ**えて勉強する。（　　）　＊同訓異字に注意
□⑮ 高校生を**タイショウ**にした行事。（　　）　＊同音異義語に注意
□⑯ 日本の**デントウ**を守る。（　　）
□⑰ 親によく**ニ**ている子どもたち。（　　）
□⑱ **ハンシン**工業地帯。（　　）
□⑲ **フクザツ**に入り組んだ道路。（　　）
□⑳ **マンシン**して努力を怠る。（　　）
□㉑ 自分の失敗を**ミト**める。（　　）
□㉒ **ユウビン**番号を調べる。（　　）

□㉓ **ヨウイ**には解けない問題。（　　）
*簡単な様子

□㉔ **イライ**された仕事をこなす。（　　）

□㉕ 実験の**カテイ**を説明する。（　　）
*同音異義語に注意

□㉖ 時計が時を**キザ**んでいる。（　　）

□㉗ **ザンシン**な方法を考える。（　　）

□㉘ **スベ**ての人は平等だ。（　　）

□㉙ 客を**ショウタイ**してもてなす。（　　）

□㉚ **ソンザイ**感のある人物。（　　）

□㉛ **ダレ**かが届けてくれた。（　　）

□㉜ 状況の**ハンダン**を誤る。（　　）

□㉝ **エンソウ**会に出演する。（　　）

□㉞ **ケワ**しい山道を登る。（　　）
*「きへん」ではない

□㉟ **シュウショク**試験を受ける。（　　）

□㊱ やっと宿題を**ス**ませた。（　　）

□㊲ **セキニン**感の強い人。（　　）

□㊳ 会社を辞めて家業に**センネン**する。（　　）

□㊴ 天地**ソウゾウ**の神のしわざ。（　　）
*同音異義語に注意

□㊵ 畑を**タガヤ**して種をまく。（　　）

□㊶ **ドンヨク**に勝利を求める。（　　）

□㊷ さまざまな策を**ロウ**する。（　　）
*必要以上に策を用いる

□㊸ **イキオ**いよく走り回る。（　　）

□㊹ 観光客を**インソツ**するガイド。（　　）
*多くの人をひきつれること

□㊺ 留学の**キカイ**に恵まれる。（　　）
*同音異義語に注意

□㊻ 事業に成功して富を**キズ**く。（　　）

□㊼ 提案を**キョヒ**する。（　　）

□㊽ **コウフン**した表情で話す。（　　）

□㊾ 旅行の**ジュンビ**が整う。（　　）

□㊿ 鉛筆の**シン**が折れる。（　　）

4 最重要漢字の書き取り (2)

◇次の太字のカタカナを漢字に直して書きなさい。（1点×50）

□① 不要な布を**ゾウキン**にする。（　　）

□② 時間を**ツイ**やして調査する。（　　）

□③ 海に**ノゾ**む家に住んでいる。（　　）
*同訓異字に注意

□④ 実力を**ハッキ**して優勝する。（　　）

□⑤ 病気で体重が**ヘ**った。（　　）

□⑥ **ホガ**らかな性格。（　　）
*明るくさわやかな様子

□⑦ **インショウ**的な風景。（　　）

□⑧ 色づいた**カキ**の実。（　　）

□⑨ 土地を**カクチョウ**する。（　　）

□⑩ 熱帯魚に**カンシン**を持つ。（　　）
*同音異義語に注意

□⑪ 生存**キョウソウ**が激しい。（　　）
*同音異義語に注意

□⑫ 敵の動きを**ケイカイ**する。（　　）

□⑬ **ケタ**違いの実力の持ち主だ。（　　）

□⑭ 涙を**サソ**うような悲しい話。（　　）

□⑮ **シゲン**を大切に使う。（　　）

□⑯ 溺れていた人を**スク**う。（　　）

□⑰ 空き缶を**ス**ててはいけない。（　　）

□⑱ **セイカク**に時間を計る。（　　）

□⑲ 戦意を**ソウシツ**する。（　　）
*なくしてしまうこと

□⑳ 動物の**ダエキ**を採取する。（　　）

□㉑ 一日中、雪が降り**ツ**もる。（　　）

□㉒ 野菜を**ナベ**に入れる。（　　）

得点　　／50点

（　月　　日）

□㉓安心して**ネム**った。（　　）

□㉔ノートにプリントを**ハ**る。（　　）

□㉕応募作品を**ヒヒョウ**する。（　　）

□㉖個人の**フタン**を軽くする。（　　）

□㉗相談所を**モウ**ける。（　　）
*用意する

□㉘**ヤサ**しいほほえみをたたえる。（　　）
*同訓異字に注意

□㉙地震**ヨチ**の研究を進める。（　　）
*同音異義語に注意

□㉚**アツ**い夏の日の思い出。（　　）
*同訓異字に注意

□㉛**アツ**い紙で型紙を作る。（　　）
*同訓異字に注意

□㉜運転を**アヤマ**って事故を起こす。（　　）
*同訓異字に注意

□㉝**イガイ**な結果に驚く。（　　）
*同音異義語に注意

□㉞**イチジル**しい進歩を見せる。（　　）

□㉟新聞を**インサツ**する。（　　）

□㊱店の場所を**ウツ**して営業する。（　　）
*同訓異字に注意

□㊲試合は雨で**エンキ**された。（　　）

□㊳高速道路の**エンセン**に住む。（　　）

□㊴実行委員長に**オ**される。（　　）
*同訓異字に注意

□㊵自分のことを**オレ**と言う。（　　）

□㊶**カノウ**性を追求する。（　　）

□㊷**カマ**で草を刈る。（　　）

□㊸**カンタン**な仕事から始める。（　　）

□㊹**ガンタン**に挨拶をする。（　　）

□㊺ライオンの**キバ**は鋭い。（　　）

□㊻病後の**ケイカ**は良好である。（　　）

□㊼文化人の**コウエン**を聴く。（　　）
*同音異義語に注意

□㊽**タイショウ**的な性格の兄弟。（　　）
*同音異義語に注意

□㊾**チュウコク**に耳を傾ける。（　　）

□㊿壁を白く塗り**ツブ**す。（　　）

5 最重要漢字の書き取り (3)

◇次の太字のカタカナを漢字に直して書きなさい。(1点×50)

□① きれいな**ニジ**がかかる。( )
□② 新聞に名前が**ノ**る。( )
□③ 相手の**ヒトミ**を見つめる。( )
□④ **ヘイキン**を上回る成績をとる。( )
□⑤ 外国との**ボウエキ**が盛んになる。( )
□⑥ 先輩の家を**ホウモン**する。( )
□⑦ 他人に**マカ**せないで自分でやる。( )
□⑧ 太い木の**ミキ**を登る。( )
□⑨ 正しい方向に**ミチビ**く。( )
□⑩ **ムズカ**しい問題を解決する。( )
□⑪ 新しいペンを**モテアソ**ぶ。( )

□⑫ 心を**ユル**し合える友達。( )
□⑬ **アンイ**な考えを避ける。( ) *いいかげんな様子
□⑭ **アンガイ**簡単な問題だった。( ) *思いがけなく
□⑮ 的に向かって矢を**イ**る。( ) *同訓異字に注意
□⑯ 将来は**ウチュウ**飛行士になりたい。( )
□⑰ **エンチョウ**戦の結果、やっと勝った。( )
□⑱ **オンコウ**な人柄にひかれる。( ) *おだやかでまじめな様子
□⑲ 切り立った**ガケ**の上に立つ。( )
□⑳ 作戦の**カナメ**となる人物。( )
□㉑ **ギモン**点を解決する。( )
□㉒ トレーニングで**キンニク**を鍛える。( )

得点 　　/50点

(月 日)

□㉓ 焼き鳥の**クシ**を持つ。（　　）
□㉔ 体力の**ゲンカイ**に挑戦する。（　　）
□㉕ 提案された意見を**ケントウ**する。（　　）
*いろいろと調べ研究すること
□㉖ **コウカイ**しないように努力する。（　　）
□㉗ 偉大な**コウセキ**を残す。（　　）
□㉘ 自動車の**コウゾウ**について学ぶ。（　　）
□㉙ 子どもの**コロ**の約束。（　　）
□㉚ 朝の**サワ**やかな空気。（　　）
□㉛ **シカ**の角を観察する。（　　）
□㉜ 悪いことをした子を**シカ**る。（　　）
□㉝ 入会するよう**スス**める。（　　）
*同訓異字に注意
□㉞ 机の上を**セイトン**する。（　　）
□㉟ 兄は商社に**ツト**めている。（　　）
*同訓異字に注意
□㊱ **テンラン**会に出品する。（　　）

□㊲ 目を**ト**じると情景が浮かんでくる。（　　）
□㊳ 大会のために調子を**トトノ**える。（　　）
*同訓異字に注意
□㊴ 嫌なことが続いて心が**ナ**える。（　　）
□㊵ 時代の**ハイケイ**を探る。（　　）
*はいごの情勢
□㊶ 昔から持ち続けていた夢を**ハ**たす。（　　）
*なしとげる
□㊷ 涼しい場所に**ホゾン**する。（　　）
□㊸ 講師を**マネ**いて話を聞く。（　　）
□㊹ 知らない土地で道に**マヨ**う。（　　）
□㊺ 無事に終わって**ムネ**をなでおろす。（　　）
□㊻ 確かな根拠に**モト**づいた証言。（　　）
□㊼ 闘志を**モ**やして立ち向かう。（　　）
□㊽ **ユタ**かな生活を夢見る。（　　）
□㊾ 千年後の地球を**ヨソク**する。（　　）
*前もっておしはかること
□㊿ 弟が大声で**ヨ**んでいる。（　　）

6 送り仮名に注意する訓読みの漢字 (1)

訓読みの漢字には送り仮名がつきものである。どこから送るのか迷う漢字もある。そのような漢字を⑴と⑵に分けて一〇〇題あげた。漢字と送り仮名を確かめよう。

〔　月　日〕 得点　／50点

◇次の太字の部分を、漢字と送り仮名に分けて書きなさい。例 あつまる → 集まる　（1点×50）

□① 昔から造り酒屋を**あきなう**。＊物を売ること（　　）
□② 優勝することを**あきらめる**。（　　）
□③ 全力を**あげる**。（　　）
□④ 銀行員に**あこがれる**。（　　）
□⑤ **あたたかい**日が続く。＊同訓異字に注意（　　）
□⑥ **あたらしい**洋服を買う。（　　）
□⑦ 貴重品を慎重に**あつかう**。（　　）
□⑧ **あやうく**ひかれそうになる。（　　）
□⑨ **あやしい**人影を見た。（　　）
□⑩ 計算に**あやまり**があった。（　　）
□⑪ 書物を**あらわす**。＊同訓異字に注意（　　）
□⑫ **いさぎよく**あやまる。＊思いきりがよくてさっぱりしている（　　）
□⑬ **いさましい**兵士たち。（　　）
□⑭ この街道は京都に**いたる**。＊行きつく（　　）

□⑮ **いちじるしい**進歩を遂げる。＊目立ってはっきりしている（　　）
□⑯ 父の**いとなむ**会社。＊けいえいする（　　）
□⑰ ご意見を**うけたまわる**。＊つつしんで聞く（　　）
□⑱ **うたがい**深い人物。（　　）
□⑲ 暴力に**うったえる**。（　　）
□⑳ 老人を**うやまう**。＊そんけいする（　　）
□㉑ 足の速い友人を**うらやむ**。（　　）
□㉒ 仏像を**おがむ**。（　　）
□㉓ 実力不足を練習で**おぎなう**。（　　）
□㉔ 寝坊して学校に**おくれる**。（　　）
□㉕ 活性化のため産業を**おこす**。（　　）
□㉖ 成功を**おさめる**。＊同訓異字に注意（　　）
□㉗ **おそろしい**できごと。（　　）
□㉘ **おだやか**な春の一日。（　　）

□㉙久しぶりに母校を**おとずれる**。
□㉚英語の単語を**おぼえる**。
□㉛車から荷物を**おろす**。
□㉜自らを**かえりみる**。 *同訓異字に注意
□㉝**かがやく**ような笑顔。
□㉞質問に耳を**かたむける**。
□㉟美しいメロディーを**かなでる**。 *えんそうする
□㊱二つの役員を**かねる**。
□㊲現状に**かんがみる**。
□㊳互いに力を**きそう**。
□㊴のんびりと**くらす**。

□㊵身長を**くらべる**。
□㊶**けわしい**山に登る。
□㊷プロ野球選手を**こころざす**。
□㊸新しい方法を**こころみる**。 *ためす
□㊹耳に**こころよい**音楽。
□㊺人からの誘いを**ことわる**。
□㊻**このましい**態度。
□㊼ボールが**ころがる**。
□㊽一族が**さかえる**。
□㊾あえて流れに**さからう**。
□㊿**さげすむ**ような目で見られる。

ザ・漢字 アラカルト ①

〈細かいところは気にしなくていい筆記体 ①――例は政府の告示からの引用〉

政府が二〇一〇年に告示した「常用漢字表」の「前書き」の中の「字体についての解説」の要点は次のようになる。実際に漢字を書くときの参考にしてほしい。

同じ字でも、楷書の筆記体（筆写）は、いろいろな書き方が認められているので、こまかいところに余計な神経を使わないで、どんどん漢字を書くようにしよう。

(1) **活字と筆写の関係**…活字には特徴的な表現の仕方があるから、筆写する場合は活字の形と違ってもよい。

❶**折り方に関する例**

衣―衣　去―去　玄―玄

❷**点画の組み合わせ方に関する例**

人―人　家―家　北―北

❸**「筆押さえ」等に関する例**

芝―芝　史―史　入―入　八―八

（17ページに続く）

7 送り仮名に注意する訓読みの漢字（2）

得点　　／50点

（　月　日）

◇次の太字の部分を、漢字と送り仮名に分けて書きなさい。（1点×50）

□① 多数意見に**したがう**。（　）
□② 後ろの方へ**しりぞく**。（　）
□③ 量を**すくなく**する。（　）
□④ 入部することを**すすめる**。（　）
□⑤ いらないものを**すてる**。（　）
□⑥ **するどい**目つき。（　）
□⑦ **せまい**部屋に押し込められる。（　）
□⑧ 締め切り日が**せまる**。（　）
□⑨ コップに水を**そそぐ**。（　）
□⑩ 試験に**そなえる**。（　）
□⑪ 田畑を**たがやす**。（　）
□⑫ 返事を**たしかめる**。（　）
□⑬ **たのもしい**味方。（　）
□⑭ 距離が**ちぢまる**。（　）
□⑮ テレビを見て時間を**ついやす**。（　）
□⑯ 神に**つかえる**。（　）
□⑰ 犯人を**つかまえる**。（　）
□⑱ **つたない**腕前でも努力する。＊下手である（　）
□⑲ メンバーに名を**つらねる**。（　）
□⑳ 隊列を**ととのえて**行進する。＊同訓異字に注意（　）
□㉑ 反対を**となえる**。（　）
□㉒ 危険を**ともなう**仕事。（　）
□㉓ **なめらか**な肌。（　）
□㉔ 机を**ならべて**勉強する。（　）
□㉕ **にがい**味がする。（　）
□㉖ 大きな魚を**にがす**。（　）
□㉗ 大きな声で**ののしる**。（　）
□㉘ 風雨のため出発を**のばす**。＊同訓異字に注意（　）

□㉙ 落ち込んでいる人を**はげます**。（　　）
□㉚ お金を使い**はたす**。（　　）
□㉛ 先生が生徒を**ひきいる**。（　　）
＊つれていく
□㉜ 年齢の**へだたり**を感じる。（　　）
□㉝ **ほがらか**な話し声が聞こえる。（　　）
□㉞ 恩恵を**ほどこす**。（　　）
□㉟ 身を**ほろぼす**。（　　）
□㊱ 冬になって日が**みじかく**なる。（　　）
□㊲ 世の中が**みだれる**。（　　）
□㊳ 相手の要求を**みとめる**。（　　）
□㊴ 来客を駅まで**むかえ**に行く。（　　）

□㊵ 才能に**めぐまれる**。（　　）
□㊶ **めずらしい**種類の動物。（　　）
□㊷ 新しい規則を**もうける**。（　　）
＊つくる
□㊸ 機械を**もちい**て作る。（　　）
□㊹ 音楽会を**もよおす**。（　　）
□㊺ **やさしい**問題。（　　）
＊同訓異字に注意
□㊻ 家族を**やしなう**。（　　）
□㊼ 態度を**やわらげる**。（　　）
＊おだやかになる
□㊽ 台風の勢力が**よわまる**。（　　）
□㊾ 余計な一言は**わざわい**を招く。（　　）
＊不幸な出来事
□㊿ 時がたつのを**わすれる**。（　　）

ザ・漢字 アラカルト ②

〈細かいところは気にしなくていい筆記体 ②——例は政府の告示からの引用〉

(2) 筆写の楷書では、いろいろな書き方のあるもの…同じ字の形でも、筆写した場合には一つとは限らない。以下の例を参考に、神経質にならずに書こう。

❶長短に関する例

雨—雨雨　戸—戸戸
無—無無

❷方向に関する例

風—風風　比—比比
仰—仰仰　糸—糸糸
ネ—ネネ　ネ—ネネ
主—主主　言—言言
年—年年

❹曲直に関する例

子—子手—手了—了

❺その他

辶—辶　竹—竹　心—心

（19ページに続く）

8 二つ以上の訓読みがある漢字

漢字にはいくつもの読み方ができるものがある。二つ以上の訓読みのある基本的な漢字を取りあげた。下の送り仮名を手がかりに読んでみよう。

（　月　日）

得点 ／50点

◇次の太字の漢字の読み方をひらがなで書きなさい。（1点×50）

- □① 忘れ物に気づいて**焦**る。（　）
- □② 目玉焼きが**焦**げる。（　）
- □③ 恵まれない人への募金を**集**める。＊集金（　）
- □④ 会場に青少年が**集**う。＊集会（　）
- □⑤ **過**ちを再び犯さないことを誓う。＊過失（　）
- □⑥ いつのまにか時が**過**ぎてしまった。＊経過（　）
- □⑦ 大学教授が**著**した本を買う。＊著者（　）
- □⑧ 彼は**著**しい進歩を見せた。＊顕著（　）
- □⑨ 山国に**生**きる人々の生活。＊生活（　）
- □⑩ 野には草が**生**え、山では鳥が鳴く。＊生長（　）
- □⑪ 新しい文化が**生**まれる。＊誕生（　）
- □⑫ 草や木が**生**い茂る。（　）
- □⑬ 明日の運勢を**占**う。（　）
- □⑭ 賛成者が過半数を**占**める。（　）
- □⑮ 満面の**笑**みを浮かべる。（　）
- □⑯ **笑**い声があちこちから上がる。（　）
- □⑰ ふとんをシーツで**覆**う。（　）
- □⑱ 一つのミスで戦況が**覆**る。（　）
- □⑲ 注意を**怠**ってけがをする。（　）
- □⑳ 朝のトレーニングを**怠**ける。（　）
- □㉑ 語学に**優**れた才能を持っている。＊優秀（　）
- □㉒ 母親の**優**しい思いやりに感謝する。（　）
- □㉓ 入学式の**厳**かな雰囲気。＊厳粛（　）
- □㉔ 家庭で**厳**しいしつけを受ける。＊厳格（　）
- □㉕ 世界各地を**訪**れる。（　）
- □㉖ 恩師を**訪**ねて相談する。（　）
- □㉗ 無駄を**省**いて倹約に努める。＊省略（　）
- □㉘ 年末にその一年を**省**みる。＊反省（　）

ザ・漢字 アラカルト ③

□㉙ **冷**めたスープを温める。（　　）
□㉚ 水ですいかを**冷**やす。（　　）
□㉛ **冷**たい麦茶を飲む。（　　）

□㉜ 秋の空にとんぼが飛び**交**う。＊交差（　　）
□㉝ 赤い花の中に白い花が**交**じる。＊混交（　　）

□㉞ 犯した罪は**裁**かれなければならぬ。＊裁判（　　）
□㉟ 生地を**裁**ってスカートを作る。＊裁断（　　）

□㊱ ワイシャツに**染**みがつく。＊汚染（　　）
□㊲ 白い布を真っ赤に**染**める。＊染色（　　）

□㊳ ペットとして犬を**育**てる。（　　）
□㊴ 二人の友情を**育**む。（　　）

□㊵ コースの**外**側を走る。（　　）
□㊶ 思いの**外**早く到着した。（　　）
□㊷ 彼は席を**外**して帰った。（　　）

□㊸ **速**やかに行動する。（　　）
□㊹ 相手が**速**いので追いつけない。（　　）

□㊺ 小川を**跳**びこして行く。（　　）
□㊻ ボールが**跳**ね返ってくる。（　　）

□㊼ **和**やかな気分になる。＊柔和（　　）
□㊽ 九月になって暑さが**和**らぐ。＊温和（　　）

□㊾ 縁起を**担**いでひげをそらない。（　　）
□㊿ 二十一世紀を**担**う若者たち。＊担当（　　）

〈細かいところは気にしなくていい筆記体 ③――例は政府の告示からの引用〉

❸つけるか、はなすかに関する例

又―又又　文―文文
月―月月
条―条条　保―保保

❹はらうか、とめるかに関する例

奥―奥奥　公―公公
角―角角　骨―骨骨

❺はねるか、とめるかに関する例

切―切切切　改―改改改
酒―酒酒　陸―陸陸陸
穴―穴穴穴

❻その他

木―木木　来―来来
糸―糸糸　牛―牛牛
環―環環

令―令令　外―外外外
女―女女

9 二つ以上の音読みがある漢字

二つ以上の音読みがある基本的な漢字を取りあげた。すべて二字の熟語になっているので、漢字の組み合わせによって読み方が違うことを確かめよう。

得点　　／50点

（　　月　　日）

◇次の太字の漢字の読み方をひらがなで書きなさい。（1点×50）

□① 出欠の**有無**を確かめる。（　　）
□② 全国でも**有数**の酪農地帯。（　　）　＊優れていて数少ないこと
□③ **悪質**ないたずらに悩まされる。（　　）
□④ 昨夜から**悪寒**がする。（　　）　＊発熱のためのさむけ
□⑤ いくら呼んでも**応答**がない。（　　）　＊返事
□⑥ 実験をして化学**反応**を調べる。（　　）
□⑦ 町内会の**会合**に出席する。（　　）
□⑧ 廊下で会った来客に**会釈**する。（　　）
□⑨ **強引**な態度を取る。（　　）
□⑩ 体力を**強化**するトレーニング。（　　）
□⑪ 会議での**発言**には責任を持つ。（　　）
□⑫ 留守のため**伝言**を頼む。（　　）
□⑬ これからも**極力**努力していく。（　　）　＊できるかぎり
□⑭ **極楽**往生を願って仏像を拝む。（　　）

□⑮ 大統領の**執務**を代行する。（　　）　＊事務をとる
□⑯ 優勝に**執念**を燃やす。（　　）　＊深く思い込んで動かない心
□⑰ たくさんの**情報**が飛び交う。（　　）
□⑱ 秋の月は**風情**を感じさせる。（　　）　＊おもむき
□⑲ **盛大**な歓送迎会を催す。（　　）
□⑳ 父の店が**繁盛**している。（　　）
□㉑ 慌てず**冷静**に対応する。（　　）
□㉒ **静脈**注射を打つ。（　　）
□㉓ 物体の**性質**を調べる。（　　）
□㉔ 二人の**相性**はぴったりだ。（　　）
□㉕ **軽率**な行動を慎む。（　　）　＊かるはずみな様子
□㉖ **効率**よく勉強する。（　　）
□㉗ 工場の**規模**を縮小する。（　　）
□㉘ **模型**飛行機を作って楽しむ。（　　）

□㉙（頭痛のため学校を休む。）（　　）
□㉚（**頭部**にデッドボールを受ける。）（　　）
□㉛（コンクール参加の**音頭**を取る。）（　　）
＊先に立って計画したり、指導したりすること
□㉜（**合同**の演奏会を開催する。）（　　）
□㉝（**合体**ロボットで遊ぶ。）（　　）
＊二つ以上のものが一体になること
□㉞（**合戦**の物語を読む。）（　　）
□㉟（遅刻した**理由**を説明する。）（　　）
□㊱（寺が建てられた**由来**を聞く。）（　　）
＊起こり
□㊲（**由緒**正しい家柄の出身。）（　　）
＊いわれ・来歴
□㊳（**便乗**値上げは許さない。）（　　）
□㊴（交通に**便利**な所に住んでいる。）（　　）

□㊵（詳しい説明で**納得**する。）（　　）
□㊶（衣服や道具をしまっておく**納戸**。）（　　）
□㊷（月末までに会費を**納入**する。）（　　）
□㊸（将来は**漁師**になりたい。）（　　）
□㊹（**漁業**の盛んな地方。）（　　）
□㊺（南の国の**楽園**と言われている。）（　　）
□㊻（勉強の合い間に**音楽**を聴く。）（　　）
□㊼（涼しげな**風鈴**の音。）（　　）
□㊽（試験の五分前に**予鈴**が鳴る。）（　　）
□㊾（**安易**な考えを戒める。）（　　）
□㊿（中国との**貿易**を増やす。）（　　）

ザ・漢字アラカルト④

〈漢字の読み方いろいろ――「重箱《じゅうばこ》読み・湯桶《ゆとう》読み」とは？〉

(1) **漢字の読み方**…漢字の読み方は、大きく分けて二つある。

❶**音読み**…漢字は中国で作られた文字である。中国での発音に基づいてできた読み方。

❷**訓読み**…中国から入ってきた漢字の持つ意味を、そのまま日本語にあてはめた読み方。

例　影　汗　突
音読み→エイ　カン　トツ
訓読み→かげ　あせ　つ-く

漢字には、音読みしかないもの（肉・愛・式など）や訓読みしかないもの（箱・滝・芝・咲く・扱うなど）もある。

(2) **熟語の読み方**…二字の熟語の読み方には、次の四つの組み合わせがある。

❶音＋音　例　遠足《エンソク》・衣服《イフク》・豊作《ホウサク》
❷訓＋訓　例　野原《のはら》・手紙《てがみ》・毛糸《けいと》
❸音＋訓（「重箱《ジュウばこ》読み」）例　味方《ミかた》・素顔《スがお》
❹訓＋音（「湯桶《ゆトウ》読み」）例　雨具《あまグ》・手本《てホン》

❸・❹の呼び方を覚えておこう。

10 特別な読み方をする熟語（当て字・熟字訓）（1）

学校で使われている国語の教科書の付録の中に「常用漢字表　付表」がある。これが特別な読み方をする当て字・熟字訓である。⑴と⑵に分けてその約九割を取りあげた。

得点　　／50点

（　月　日）

◇次の太字の読み方をひらがなで書きなさい。（1点×50）

□① **小豆**を煮て、しるこを作る。（　　）

□② **海女**が海に潜っている。（　　）
＊「海士」とも書く

□③ 一面に**硫黄**の臭いが漂っている。（　　）

□④ 困難なことを避けたがる**意気地**なし。（　　）

□⑤ 父の**田舎**は緑が豊かな町である。（　　）

□⑥ 二月になると春の**息吹**が感じられる。（　　）
＊いきづかい（たとえとしても使う）

□⑦ 目の前には**海原**が広がっている。（　　）

□⑧ **乳母**に育てられた子ども。（　　）
＊母親に代わって、子どもに乳を与え育てる女性

□⑨ 芸能人の**浮気**が発覚する。（　　）

□⑩ 大会が目前に迫り、気持ちが**浮つく**。（　　）

□⑪ 彼女の**笑顔**は人を和ませる。（　　）

□⑫ **叔父**さんにお年玉をもらう。（　　）
＊父母の弟。「伯父」は父母の兄

□⑬ **乙女**心をくすぐるような話。（　　）

□⑭ **伯母**さんから入学祝いをもらう。（　　）
＊父母の姉。「叔母」は父母の妹

□⑮ **お巡りさん**に道を聞く。（　　）

□⑯ 神棚に**お神酒**を供える。（　　）

□⑰ 祖父は**母屋**で寝ている。（　　）
＊「母家」とも書く

□⑱ 神社で**神楽**を奉納する。（　　）
＊神をまつるための音楽・舞踊

□⑲ **河岸**で新鮮な魚介類を買う。（　　）
＊魚市場

□⑳ 刀**鍛冶**の仕事を見学する。（　　）

□㉑ **風邪**を引いて学校を休む。（　　）

□㉒ **固唾**を飲んでなりゆきを見守る。（　　）

□㉓ **仮名**にはひらがなとかたかながある。（　　）

□㉔ 久しぶりに**蚊帳**をつって寝る。（　　）
＊蚊を防ぐために、寝る時にふとんの上につる、目の細かい網のおおい

□㉕ **為替**レートが激しく変動する。（　　）
＊現金のかわりに手形・証書で金銭の受け渡しを済ませる方法

□㉖ **河原**でキャンプをする。（　　）
＊「川原」とも書く

□㉗ 食後に**果物**を食べる。（　　）

□㉘ 専門家のことを**玄人**とも言う。（　　）
＊対義語は「素人」

□㉙ **今朝**は早起きして犬の散歩に行った。（　　）

□㉚ **心地**よい音楽を聴きながら食事をする。（　　）

□㉛ 彼は一言**居士**だ。（　　）

□㉜ **早乙女**が田のそばで休んでいる。（　　）
＊田植えをする若い女性

□㉝ **雑魚**しか釣れなかった。（　　）
＊いろいろな小魚。小物のたとえ

□㉞ **桟敷**で祭り見物をする。（　　）
＊一段高く作った見物席

□㉟ 騒音が勉強に**差し支える**。（　　）

□㊱ 雲ひとつない**五月**晴れ。（　　）

□㊲ **早苗**を田に運ぶ。（　　）
＊なわしろから田に移し植える稲の苗

□㊳ うっとうしい**五月雨**のシーズン。（　　）
＊陰暦五月ごろの長雨。つゆ

□㊴ **時雨**に遭ってずぶぬれになる。（　　）
＊秋から冬にかけて降るにわか雨

□㊵ とかげの**尻尾**が切れる。（　　）

□㊶ 毎日、**竹刀**で素振りをする。（　　）

□㊷ 明治時代から続く**老舗**。（　　）

□㊸ 庭に**芝生**を植える。（　　）

□㊹ 遠くから**三味線**の音が聞こえてくる。（　　）

□㊺ **砂利**道を登って行く。（　　）

□㊻ **数珠**を手にかけて仏を拝む。（　　）

□㊼ 祖父の頭は**白髪**で真っ白だ。（　　）
＊「はくはつ」は熟字訓ではない

□㊽ **素人**には分からない細かい点。（　　）
＊対義語は「玄人」

□㊾ 人々がせわしく動き回る**師走**。（　　）
＊陰暦の十二月

□㊿ 庭園にある**数寄屋**造りの建物。（　　）
＊「数奇屋」とも書く。茶の湯をする小さい建物

ザ・漢字 アラカルト ⑤

〈漢和辞典をひくときに役立つ部首 ①〉

(1) **部首の種類**…部首は大きく分けて七つの種類がある。

○**左と右に分かれるもの**
- 左が「偏《へん》」
- 右が「旁《つくり》」

○**上と下に分かれるもの**
- 上が「冠《かんむり》」
- 下が「脚《あし》」

○**周りを囲むもの**　「構《かまえ》」 など

○**一部を囲むもの**
- 上から左横が「垂《たれ》」
- 左から下が「繞《にょう》」

(2) **部首の活用**…漢和辞典は、漢字を部首別に分類し、それを画数の少ない順に並べてある。読み方が分からない漢字を調べるときに、部首の見当がつけば、漢字を見つけやすい。

(3) **部首の代表例**…部首は二百以上あるが、ここでは代表的なものを漢字の例とともにあげておく。

❶ **「偏《へん》」（）の例**
- ・亻（にんべん）　信　付　仕　仁
- ・冫（にすい）　准　冷　凝　凍
- ・ロ（くちへん）　吸　唱　嘆　喫

（25ページに続く）

11 特別な読み方をする熟語（当て字・熟字訓）（2）

◇次の太字の読み方をひらがなで書きなさい。（1点×50）

□① 父と**相撲**観戦に行く。（　　）
□② 着物姿には**草履**がよく似合う。（　　）
□③ お祭りに多くの**山車**が繰り出した。（　　）
＊飾りをつけて祭りに引き出す車
□④ **太刀**を振り回して暴れる。（　　）
＊腰につける長い刀
□⑤ 道路の拡張のため**立ち退く**。（　　）
□⑥ **七夕**祭りに多くの人々が集まる。（　　）
□⑦ 靴下を**足袋**にはきかえる。（　　）
□⑧ かわいらしい**稚児**の行進が続く。（　　）
＊社寺で祭礼・法事の行列に着飾って加わる子ども
□⑨ 一月**一日**の朝は気がひきしまる。（　　）
＊「いちにち」は熟字訓ではない
□⑩ 銀閣寺と調和している白砂の**築山**。（　　）
＊庭などに築いた小さな山
□⑪ **梅雨**が明けて夏がやってきた。（　　）
＊「ばいう」は熟字訓ではない
□⑫ **凸凹**道をバスに揺られていく。（　　）
□⑬ 久しぶりに母の**手伝い**をする。（　　）
□⑭ **伝馬船**が港の中を行き来している。（　　）
＊荷物などを運ぶ、甲板のないはしぶね

□⑮ **投網**を使って魚を捕る。（　　）
＊水中に投げて魚を捕る網
□⑯ 野次馬が**十重二十重**に取り囲む。（　　）
□⑰ 境内から僧侶の**読経**が聞こえる。（　　）
□⑱ 入学祝いに**時計**をプレゼントされる。（　　）
□⑲ 小学校の時の**友達**に会う。（　　）
□⑳ 両親の**仲人**が我が家にやって来た。（　　）
□㉑ 台風の**名残**で波が高い。（　　）
□㉒ 気温が上がって**雪崩**が起きる。（　　）
□㉓ 子どもが**野良**犬に襲われてけがをする。（　　）
□㉔ 神主が厳かな声で**祝詞**をあげる。（　　）
＊神をまつり、神に祈る時に読む文章
□㉕ 彼女の父は大学教授で文学**博士**だ。（　　）
＊「はくし」は熟字訓ではない
□㉖ **二十**になって成人式に出席する。（　　）
＊「二十歳」とも書く
□㉗ 七月**二十日**は弟の誕生日だ。（　　）
□㉘ **波止場**には観光船が停泊している。（　　）

〔　月　日〕
得点
50点

□㉙ 今日は行楽に絶好の**日和**だ。（　　）
＊晴れて穏やかな天気

□㉚ 花**吹雪**の中をのんびりと散歩する。（　　）

□㉛ **下手**の横好き（　　）
＊対義語は「上手」
＊全体で、下手なくせに、そのことをひどく好むこと

□㉜ 妹が動物園で**迷子**になる。（　　）

□㉝ **真面目**に勉強する。（　　）

□㉞ **真っ赤**な夕焼け雲が浮かんでいる。（　　）

□㉟ 財布を落として**真っ青**になる。（　　）

□㊱ イギリス帰りの兄から**土産**話を聞く。（　　）

□㊲ 父は孝行**息子**だったそうだ。（　　）

□㊳ **眼鏡**にかなう。（　　）
＊「がんきょう」は熟字訓ではない
＊全体で、目上の人に気に入られること

□㊴ 彼は数々の武勇伝を持つ**猛者**である。（　　）
＊勇敢で気力に富む強い人

□㊵ 家族全員で**紅葉**狩りに行く。（　　）
＊「こうよう」は熟字訓ではない

□㊶ **木綿**のわたを入れた掛け布団。（　　）

□㊷ **最寄り**の駅から歩いて五分。（　　）

□㊸ **八百長**を見破る。（　　）

□㊹ **八百屋**の店先に並ぶ新鮮な野菜。（　　）

□㊺ 秋の**大和**路を散歩する。（　　）

□㊻ **弥生**時代の遺跡を調べる。（　　）

□㊼ **浴衣**を着て花火を見に行く。（　　）

□㊽ **行方**も知らずにさまよう。（　　）

□㊾ 落語を聞きに**寄席**に行く。（　　）

□㊿ 国体に集う多くの**若人**たち。（　　）

ザ・漢字アラカルト⑥

〈漢和辞典をひくときに役立つ部首 ②〉

・土（つちへん）　地　坂　増　均
・彳（ぎょうにんべん）　役　往　征　彼
・忄（りっしんべん）　性　快　慣　忙
・扌（てへん）　扱　打　抜　技
・氵（さんずい）　江　河　決　池
・犭（けものへん）　猛　狩　犯　狂
・女（おんなへん）　好　妨　始　妙

・阝（こざとへん）　降　限　除　防
・日（ひへん）　時　明　映　昭
・牛（うしへん）　牧　物　特　犠
・木（きへん）　村　松　札　材
・礻（しめすへん）　社　神　祝　祈
・目（めへん）　眼　眠　眺　瞬
・衤（ころもへん）　被　裕　複　補

・禾（のぎへん）　秋　種　私　税
・糸（いとへん）　細　純　約　納
・米（こめへん）　粉　粘　粋　粒
・舟（ふねへん）　船　航　舶　般
・𧾷（あしへん）　距　跡　路　踏
・言（ごんべん）　話　計　記　説
・貝（かいへん）　貯　贈　財　販

（27ページに続く）

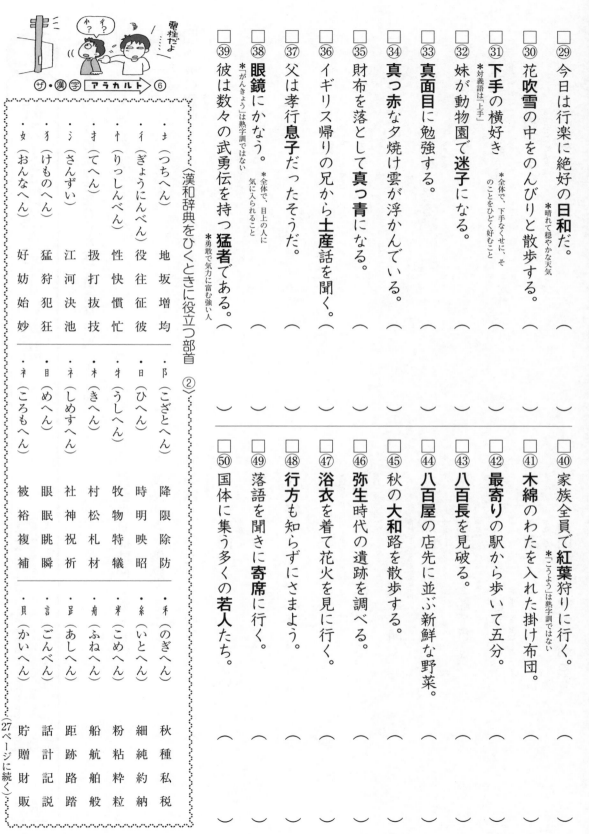

12 読み方を間違えやすい熟語 (1)

簡単そうに見える漢字でも、その組み合わせによっては読み方を間違えてしまうものがある。そういう漢字を(1)と(2)に分けて一〇〇題あげた。意味も確かめておこう。

〔　月　日〕

得点　　　／50点

◇次の太字の漢字の読み方をひらがなで書きなさい。（1点×50）

□① 僧が全国を**行脚**する。（＊修行のため諸国をまわり歩くこと）（　　）
□② **一対**のびょうぶを飾る。（＊二つで一組になっているもの）（　　）
□③ 彼の**意図**とは逆の方向へ進んだ。（＊思惑）（　　）
□④ 試合に勝って**有頂天**になる。（＊得意な様子）（　　）
□⑤ **絵画**の展覧会を見に行く。（　　）
□⑥ **河川**敷でサッカーをする。（　　）
□⑦ 秋の月に**感興**を催す。（＊心がひかれること）（　　）
□⑧ **元金**と利子を受け取る。（　　）
□⑨ 犬の**嗅覚**は人より優れている。（　　）
□⑩ ものすごい**形相**で怒る。（＊顔つき）（　　）
□⑪ 油断は**禁物**である。（　　）
□⑫ **久遠**の時が過ぎ去る。（＊永遠）（　　）
□⑬ お墓に**供物**をそなえる。（＊神仏にそなえる物）（　　）
□⑭ 骨折のため**外科**に入院する。（　　）

□⑮ **夏至**は日照時間が最も長い。（　　）
□⑯ 高熱のため**解熱**剤を飲む。（　　）
□⑰ **懸念**していたとおりの事故が起きた。（＊心配）（　　）
□⑱ 苦しい**気配**をまったく見せない。（＊様子）（　　）
□⑲ **仮病**を使って会社を休む。（　　）
□⑳ 人の**好悪**はそれぞれ違う。（＊すききらい）（　　）
□㉑ **後世**に夢を託する。（＊現在よりも、のちの時代）（　　）
□㉒ **口頭**で先生から注意される。（＊口で述べること）（　　）
□㉓ 料理の**極意**を専門家に聞く。（＊核心となる重要な事柄）（　　）
□㉔ 裁判で**黒白**を争う。（＊正しいか正しくないか。）（　　）
□㉕ 南国の**紺青**の海を船で行く。（＊鮮やかな明るい藍色）（　　）
□㉖ 焼失した塔を再び**建立**する。（＊寺や塔を建てること）（　　）
□㉗ 祖父の**最期**をみとる。（＊死に際）（　　）
□㉘ 監督に**指図**されて練習を始める。（　　）

□㉙ 冬枯れの**殺風景**な公園。（　　）

□㉚ 日常**茶飯事**（　　）
＊ありふれたこと

□㉛ 礼儀**作法**について指導を受ける。（　　）

□㉜ 夏目漱石の**直筆**の原稿。（　　）
＊その人が書いたもの

□㉝ 講演は**示唆**に富むものだった。（　　）
＊それとなく教えること

□㉞ **市井**で流れているうわさ。（　　）

□㉟ 旅行の**支度**は万全だ。（　　）
＊「仕度」とも書く

□㊱ 夏の日差しで焼かれた**赤銅**色の肌。（　　）

□㊲ 試合で**縦横**無尽の活躍をする。（　　）
＊「縦横無尽」で自由自在のこと

□㊳ 混乱している状態を**収拾**する。（　　）
＊まとめ、おさめること

□㊴ 長年、山寺で**修行**する。（　　）

□㊵ 相手の意見に**首肯**する。（　　）

□㊶ 内閣総理大臣のことを**首相**とも言う。（　　）

□㊷ 十年来の願いがやっと**成就**した。（　　）

□㊸ 一心に**精進**する。（　　）
＊身を清め、行いを慎むこと

□㊹ **定石**どおりの攻め方をする。（　　）
＊きまりきったやり方

□㊺ 兄は**小児**科の医者になった。（　　）

□㊻ このままでは**成仏**できない。（　　）
＊死んで仏になること。死ぬこと

□㊼ 気が短い**性分**だ。（　　）
＊生まれつきの性質

□㊽ **真紅**の優勝旗を受け取る。（　　）
＊「深紅」とも書く

□㊾ 計画を予定どおり**遂行**する。（　　）
＊なしとげる

□㊿ 毎日、母は**出納**簿をつけている。（　　）
＊支出と収入

ザ・漢字アラカルト⑦

〈漢和辞典をひくときに役立つ部首 ③〉

❷「旁《つくり》」（□）の例
- 刂（りっとう）　刊 列 判 刑
- 阝（おおざと）　部 都 郵 郡
- 欠（あくび）　歓 欧 欲 歌
- 斤（おのづくり）　新 断
- 殳（ほこづくり るまた）　段 殺 殴 殿
- 隹（ふるとり）　雑 雄 難 離
- 頁（おおがい）　類 頭 順 預

❸「冠《かんむり》」（□）の例
- 亠（けいさんかんむり なべぶた）　交 亭 京 亡
- 冖（わかんむり）　冗 冠 写 冥
- 宀（うかんむり）　安 官 守 宇
- 艹（くさかんむり）　草 花 英 苦
- 耂（おいかんむり おいがしら）　老 考 者
- 癶（はつがしら）　発 登
- 穴（あなかんむり）　空 究 突 窓
- ⺮（たけかんむり）　答 第 等 符
- 罒（あみがしら あみめ・よこめ）　罪 置 罷 署
- ⻗（あめかんむり）　雲 雪 雷 需

❹「脚《あし》」（□）の例
- 儿（ひとあし にんにょう）　先 光 元 兄

（29ページに続く）

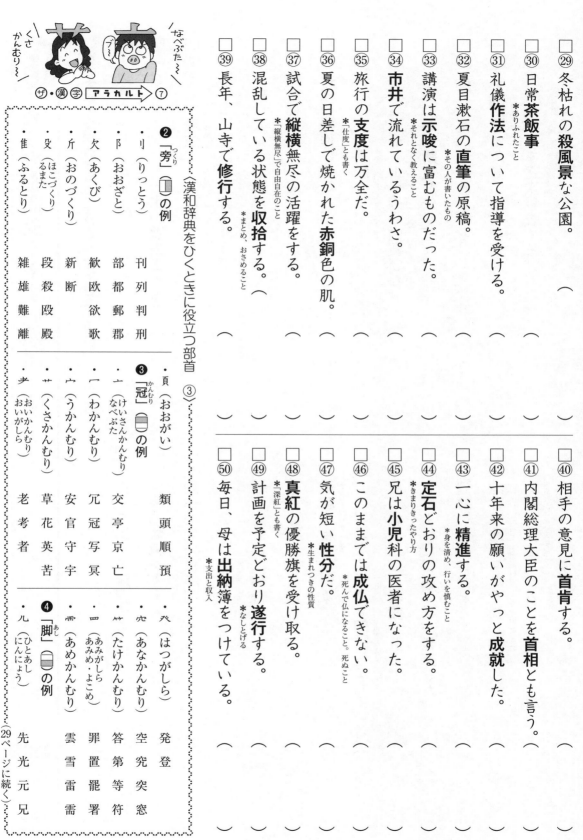

13 読み方を間違えやすい熟語（2）

◇次の太字の漢字の読み方をひらがなで書きなさい。（1点×50）

□① **素性**の怪しい人物。 ＊「素姓・素生」とも書く。経歴・家柄 （　　）

□② お世話になった先生が**逝去**される。 （　　）

□③ そんな**殺生**なことは許さないぞ。 ＊残酷なこと。かわいそうなこと （　　）

□④ 高速道路建設の**是非**を問う。 （　　）

□⑤ 市内の人口が**漸次**増加する。 ＊しだいに （　　）

□⑥ **雑木林**を通って海に出る。 （　　）

□⑦ 機械の**操作**に慣れる。 （　　）

□⑧ 貸し借りを**相殺**する。 ＊差し引きしてゼロにすること。 （　　）

□⑨ ひな壇の最も上に飾る**内裏**びな。 （　　）

□⑩ 治療のため**断食**療法を行う。 （　　）

□⑪ **反物**を買って着物を作る。 （　　）

□⑫ 昔の**知己**と久しぶりに会う。 ＊知人。 （　　）

□⑬ 実験の経過を**逐次**報告する。 ＊順を追って （　　）

□⑭ 辞書を**重宝**する。 （　　）

□⑮ 失言を認めて**陳謝**する。 （　　）

□⑯ 書物の**体裁**を考える。 （　　）

□⑰ **動作**が鈍い虫を捕まえる。 （　　）

□⑱ 文の途中に**読点**を打つ。 ＊「句点」はマル （　　）

□⑲ 彼の意見には**納得**できない。 （　　）

□⑳ **納戸**の中に道具がある。 （　　）

□㉑ **柔和**な目をした象。 ＊優しく穏やかな様子 （　　）

□㉒ この写真が悲惨さを**如実**に示している。 ＊事実そのまま （　　）

□㉓ 政治家の悪事が**暴露**される。 （　　）

□㉔ 春にまいた朝顔の種が**発芽**した。 （　　）

□㉕ 遺跡の**発掘**に携わる。 （　　）

□㉖ 辞書の**凡例**をよく読む。 ＊その本の使い方などを説明したもの （　　）

□㉗ **非業**の死を遂げる。 ＊思いがけない災難によること （　　）

□㉘ トラックに**便乗**して家に帰る。 （　　）

得点　　／50点

（　月　日）

□㉙ 予期しなかった**福音**がもたらされた。（　　）
*うれしい知らせ

□㉚ 目に余る**無作法**で注意される。（　　）
*「不作法」とも書く

□㉛ 書かずに済ませたがる筆**無精**。（　　）
*「不精」とも書く

□㉜ **風情**のある庭園。（　　）
*おもむき

□㉝ 多勢に**無勢**ではかなわない。（　　）
*人数の少ないこと

□㉞ 交通の**不便**な山奥の温泉。（　　）

□㉟ とんだ**無礼**をお許しください。（　　）

□㊱ 善悪の**分別**をわきまえる。（　　）

□㊲ 中学時代のクラス会の**発起人**になる。（　　）

□㊳ 突然、**発作**を起こして倒れる。（　　）

□㊴ **発心**して出家する。（　　）
*信仰心をおこすこと

□㊵ かねてからの願いがかない**本望**だ。（　　）
*満足であること

□㊶ 殺人**未遂**の疑いで逮捕する。（　　）

□㊷ **無言**電話に悩まされる。（　　）

□㊸ **冶金**の技術が伝わる。（　　）
*鉱石から金属を精製すること

□㊹ **由緒**正しい家柄の出身。（　　）
*いわれ。来歴

□㊺ **遺言**により葬儀は身内だけで済ます。（　　）

□㊻ 首相が**遊説**のため全国を回る。（　　）

□㊼ 勝利の**愉悦**に浸る。（　　）

□㊽ 安い粗悪品が**濫造**される。（　　）
*質を気にかけず、むやみに多くつくること

□㊾ うわさはたちまち**流布**した。（　　）
*世間に広まること

□㊿ 絵の具の緑色は**緑青**が原料になる。（　　）
*銅にできる緑色のさび

〈漢和辞典をひくときに役立つ部首④〉

・⺗（したごころ）　恭　慕
・心（こころ）　志　悲　悪　忘
・灬（れっか／れんが）　無　熟　熱　然
・皿（さら）　益　盛　監　盟

❺「構《かまえ》」（⿴⿵⿶⿷）の例
・囗（くにがまえ）　国　因　固　図
・勹（つつみがまえ）　包　勾　匂
・戈（ほこがまえ／ほこづくり）　成　我　戦　戒
・行（ぎょうがまえ／ゆきがまえ）　術　街　衛　衡
・門（もんがまえ）　閉　開　間　関

❻「垂《たれ》」（⿸）の例
・厂（がんだれ）　厚　原　厘　厄
・广（まだれ）　広　序　床　底
・戸（とだれ／とかんむり）　房　扇　戻　扉
・尸（かばね／しかばね）　尾　局　届　屋
・疒（やまいだれ）　病　痛　療　疫

❼「繞《にょう》」（⿺）の例
・廴（えんにょう）　延　廷　建
・辶（しんにょう／しんにゅう）　進　返　過　述
・走（そうにょう）　起　越　趣　超
・鬼（きにょう）　魅

14 形が似ていて書き間違えやすい漢字 (1)

漢字には似た形のものがある。あいまいな覚え方をしていると迷うことが多く、正確に書けない。そのような漢字を⑴と⑵に分けて一〇〇題あげた。

得点　　／50点

（　月　日）

◇次の太字のうち、カタカナを漢字に直して書きなさい。（1点×50）

□① この本が私の**アイ**（　　）**読書**です。
□② 来春に**ジュ**（　　）**験**を控え勉強する。
□③ 高級な**イ**（　　）**子**に座る。
□④ **サイ**（　　）**玉県**に住む。
□⑤ クラスの**イ**（　　）**員**に選ばれる。
□⑥ やっと涼しい**キ**（　　）**節**になった。
□⑦ 氷を入れて**イン**（　　）**料水**を冷たくする。
□⑧ 今夜は**赤ハン**（　　）でお祝いだ。
□⑨ 火事の**原イン**（　　）を調査する。
□⑩ いかなる**コン**（　　）**難**にも打ち勝つ。
□⑪ 将来は**ウ**（　　）**宙**飛行士を目指す。
□⑫ **イモ**（　　）を焼いて食べる。
□⑬ **理カ**（　　）の時間に実験をする。
□⑭ 母の**リョウ**（　　）**理**はおいしい。

□⑮ トラックで**カ**（　　）**物**を運ぶ。
□⑯ 制服が**タイ**（　　）**与**される。（*かしあたえること）
□⑰ 一か月の**家チン**（　　）が八万円のマンション。
□⑱ 病気が**全カイ**（　　）する。
□⑲ たとえ雨が降っても**ケッ**（　　）**行**する。
□⑳ 暖かい日が続き、桜が**カイ**（　　）**花**する。
□㉑ **カン**（　　）**係**のないことに首を突っ込む。
□㉒ 容器を**密ペイ**（　　）する。
□㉓ 先生に**質モン**（　　）する。
□㉔ **カン**（　　）**光**バスに乗って旅をする。
□㉕ 球場全体に**カン**（　　）**声**が響き渡る。
□㉖ クラブに入るよう**カン**（　　）**誘**する。
□㉗ **近キ**（　　）地方の話し言葉について調べる。
□㉘ **キ**（　　）**何学**の研究を行う。

□㉙ キ（　　）念に絵はがきを買う。

□㉚ キ（　　）行文を読む。
＊旅行中の体験を書いた文章

□㉛ 施設の子どもたちに自転車をキ（　　）付する。

□㉜ 好キ（　　）心の強い少年少女たち。

□㉝ ライバルにキン（　　）差で敗れる。

□㉞ キン（　　）厳実直な仕事ぶり。

□㉟ 全員の意見を参コウ（　　）にする。

□㊱ コウ（　　）行のしたい時分に親はなし

□㊲ ロウ（　　）後の生活に備える。

□㊳ 長年のシ（　　）用に耐える製品。

□㊴ 通学にベン（　　）利な場所。

□㊵ ジン（　　）臓の病気にかかる。

□㊶ ケン（　　）明な判断で危機を脱する。

□㊷ 夕食の配ゼン（　　）をする。

□㊸ 衣服の修ゼン（　　）が済む。

□㊹ 敵将をソ（　　）撃する。

□㊺ ソ（　　）悪な製品が売れ残る。

□㊻ 会社のソ（　　）織について説明する。

□㊼ 毎年欠かさず先ゾ（　　）の墓参り行く。

□㊽ これからの活躍に期タイ（　　）する。

□㊾ テストに辞書のジ（　　）参が許される。

□㊿ トク（　　）別な扱いをする。

〈漢和辞典をひくときに役立つ画数——部首や漢字の画数を正しく数えられるか？〉

(1) **画数の活用**…読み方も部首も分からない漢字を調べるには、その漢字の画数でひくことができる。

(2) **間違えやすい画数の部首**…部首の画数を数え間違えると、総画数も間違えてしまうため、十分に注意する。

・**三画**…阝・弓・辶・夊・子

・**四画**…攵・片・殳　・**五画**…癶・皮

・**六画**…糸　・**八画**…隹

(3) **間違えやすい画数の漢字**

・**二画**…乃　・**三画**…与・弓

・**四画**…比・収　・**五画**…世・写

・**六画**…糸・争　・**七画**…系・医・否

・**八画**…乳・承　・**九画**…係・飛・級

・**十画**…帯・素・紙・記・馬

・**十一画**…祭・郷・険・強・教・率

・**十二画**…衆・貿・極・幾・腕・痛

・**十三画**…滑・虜　・**十四画**…歌・雑

・**十五画**…選・潔　・**十六画**…興・衛

・**十七画**…優・厳　・**十八画**…観・曜

・**十九画**…識・警　・**二十画**…競・議

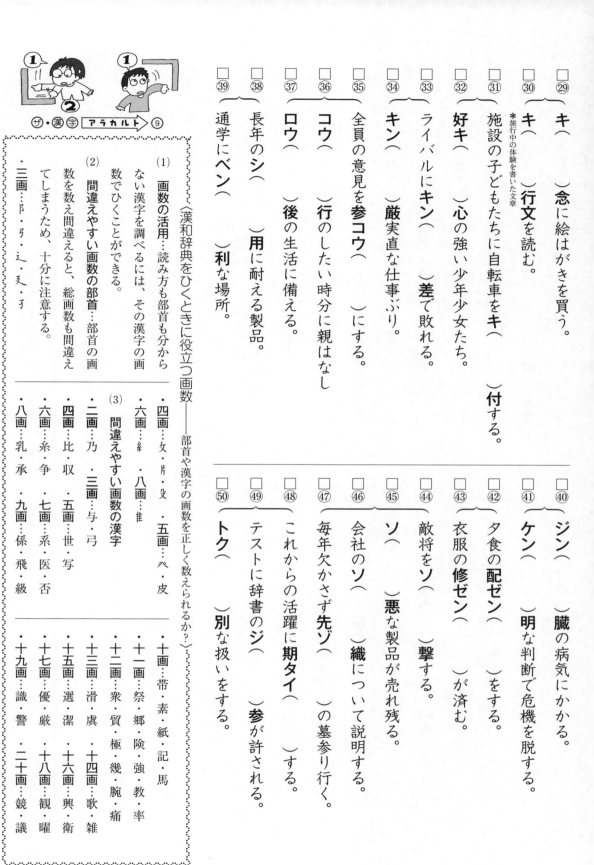

15 形が似ていて書き間違えやすい漢字 (2)

［　月　日］

得点　　／50点

◇次の太字のうち、カタカナを漢字に直して書きなさい。（1点×50）

- □① 現在の**心キョウ**（　　）を語る。
- □② **望遠キョウ**（　　）で野鳥を観察する。
- □③ 私の**兄ダイ**（　　）は三人です。
- □④ **次ダイ**（　　）に日が暮れていく。
- □⑤ **音ガク**（　　）の時間に合唱の練習をする。
- □⑥ **火ヤク**（　　）の取り扱いに注意する。
- □⑦ 彼はチームの**象チョウ**（　　）だ。
- □⑧ 海の中にも多くの**ビ**（　　）**生物**が存在する。
- □⑨ **進チョク**（　　）状況を報告する。
- □⑩ 売り手と買い手が**交ショウ**（　　）する。
- □⑪ 鋭い**ツメ**（　　）を武器とする。
- □⑫ **ウリ**（　　）は夏の植物だ。
- □⑬ スケジュールを**手チョウ**（　　）で確かめる。
- □⑭ 自分の意見を最後まで**主チョウ**（　　）する。
- □⑮ 習ったところを何度も**フク**（　　）**習**する。
- □⑯ **フク**（　　）**雑**にからみあった関係。
- □⑰ **フク**（　　）痛のため欠席する。
- □⑱ **原ソク**（　　）として禁止する。
- □⑲ 来年の傾向を**予ソク**（　　）する。
- □⑳ **ソク**（　　）**面**から援助する。
- □㉑ **完ペキ**（　　）なできばえだ。
- □㉒ **ヘキ**（　　）**画**の内容を解読する。
- □㉓ **エイ**（　　）**遠**の平和を願う。
- □㉔ これは**ヒョウ**（　　）**山**の一角である。
- □㉕ 予想外の**結マツ**（　　）に驚く。
- □㉖ 明るい**ミ**（　　）**来**を夢見る。
- □㉗ **幸フク**（　　）な一生を送る。
- □㉘ 薬の**フク**（　　）**作用**に悩まされる。

ザ・漢字 アラカルト ⑩

〈漢字の種類――「六書《りくしょ》」とは？〉

漢字の成り立ちを四種類、用い方を二種類に分類したものを「六書」という。

❶象形《しょうけい》文字…物の形をかたどった文字。

山→山→山　⊙→日→日

❷指事《しじ》文字…形に表せない数量や位置を、点や線を用いて記号で表した文字。

・）→上　（・→下　・の位置で上か下かを表す

❸会意《かいい》文字…漢字を組み合わせた文字。

口＋鳥→鳴　鳥が口から声を出すことからできた

❹形声《けいせい》文字…発音を表す部分と意味を表す部分を組み合わせた文字。

晴　→発音＝セイ　→意味＝ひ　銅　→発音＝ドウ　→意味＝かね

❺転注《てんちゅう》文字…すでにある漢字を、それに関連した別の意味に用いた文字。

例 楽《がく》（音楽）→楽《らく》・楽《たの》しい

❻仮借《かしゃ》文字…意味に関係なく、発音だけ借りた文字。例 亜米利加《アメリカ》・珈琲《コーヒー》

□㉙ **危ケン**（　　）を未然に防ぐ。

□㉚ 丁寧に**点ケン**（　　）する。

□㉛ **実ケン**（　　）をして確かめる。

□㉜ **意シキ**（　　）がもうろうとなる。

□㉝ 絹の**オリ**（　　）**物**を贈る。

□㉞ 将来の**ショク**（　　）**業**を考える。

□㉟ 野菜を**サイ**（　　）**培**して売る。

□㊱ **サイ**（　　）**判**を傍聴する。

□㊲ 新聞に小説を**掲サイ**（　　）する。

□㊳ 落とし物を**ヒロ**（　　）う。

□㊴ いらない物を**ス**（　　）てる。

□㊵ 花の**ミツ**（　　）を吸う昆虫。

□㊶ **秘ミツ**（　　）を隠し通す。

□㊷ イギリスの**レキ**（　　）**史**に興味を持つ。

□㊸ **旧レキ**（　　）の正月を祝う。

□㊹ **快テキ**（　　）な生活を楽しむ。

□㊺ **強テキ**（　　）のチームと対戦する。

□㊻ **比ユ**（　　）を用いて表現する。

□㊼ 皆で遊ぶのは**ユ**（　　）**快**だ。

□㊽ 自動車を**ユ**（　　）**出**する。

□㊾ 人間は**リク**（　　）**上**で暮らす生き物だ。

□㊿ クラスメートとの**親ボク**（　　）を深める。

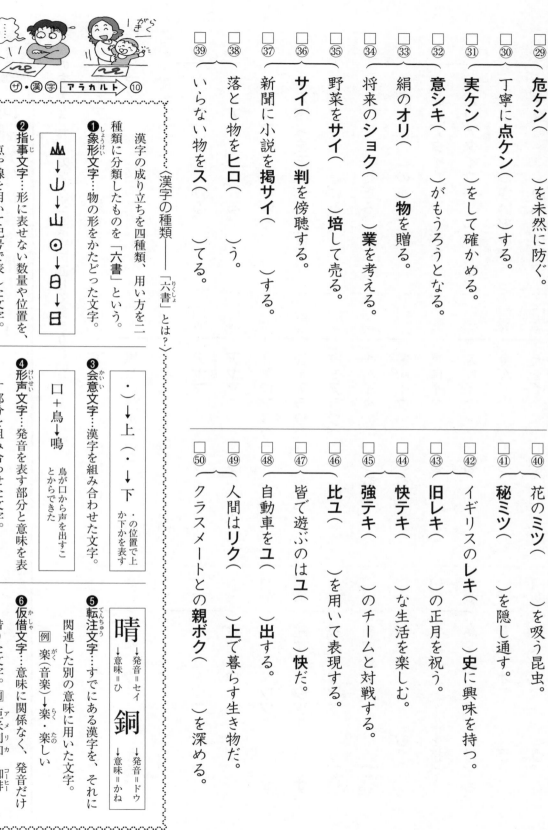

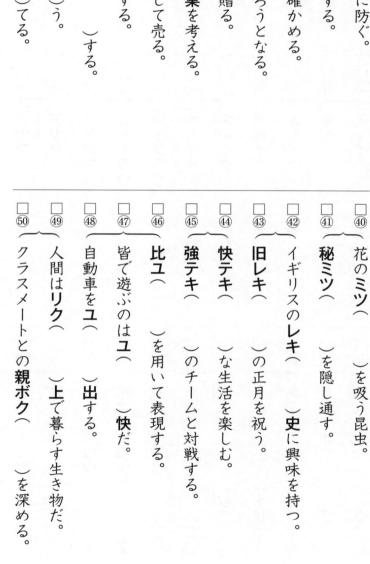

16 同訓異字の書き取り (1)

同じ訓読みでも漢字が違う場合がある。そのような漢字を(1)～(3)に分けて二二五題あげた。少し難しいものもあるが、前後の文脈から判断して漢字を書いてみよう。

得点　　／75点

〔　月　日〕

◇次の太字のうち、カタカナを漢字に直して書きなさい。（1点×75）

□① 敵と**アイ**（　　）**対**する。
□② **アイ**（　　）**色**の染料。
□③ 夜が**ア**（　　）**ける**。
□④ 窓を**ア**（　　）**ける**。
□⑤ 家を**ア**（　　）**ける**。
□⑥ 腕前を**ア**（　　）**げる**。
□⑦ てんぷらを**ア**（　　）**げる**。
□⑧ 手を**ア**（　　）**げる**。
□⑨ **アサ**（　　）起きる。
□⑩ **アサ**（　　）の布地。
□⑪ 商品の**アタイ**（　　）が高い。＊ねだん・代金
□⑫ 一見の**アタイ**（　　）がある。＊ねうち
□⑬ **アタタ**（　　）**かい**部屋。
□⑭ **アタタ**（　　）**かい**料理。

□⑮ **アツ**（　　）**い**壁で仕切る。
□⑯ 風呂の湯が**アツ**（　　）**い**。
□⑰ 今年の夏は**アツ**（　　）**い**。
□⑱ **アヤマ**（　　）**り**を正す。＊まちがい
□⑲ **アヤマ**（　　）**り**に行く。＊おわび
□⑳ 言葉に**アラワ**（　　）**す**。
□㉑ 姿を**アラワ**（　　）**す**。
□㉒ 本を**アラワ**（　　）**す**。
□㉓ 手が**イタ**（　　）**む**。
□㉔ 家が**イタ**（　　）**む**。
□㉕ 気に**イ**（　　）**る**。
□㉖ 家に**イ**（　　）**る**。
□㉗ 金が**イ**（　　）**る**。
□㉘ 矢を**イ**（　　）**る**。

□㉙ 花を**ウ**（　　）**える**。
□㉚ 勝利に**ウ**（　　）**える**。
□㉛ くぎを**ウ**（　　）**つ**。
□㉜ かたきを**ウ**（　　）**つ**。
□㉝ 鉄砲を**ウ**（　　）**つ**。
□㉞ ノートに**ウツ**（　　）**す**。
□㉟ 鏡に姿を**ウツ**（　　）**す**。
□㊱ 視線を**ウツ**（　　）**す**。
□㊲ 新記録を**ウ**（　　）**む**。
□㊳ 卵を**ウ**（　　）**む**。
□㊴ 傘の**エ**（　　）を持つ。
□㊵ 鳥を**エ**（　　）**付け**する。
□㊶ 責任を**オ**（　　）**う**。
□㊷ 犯人を**オ**（　　）**う**。

□㊸ 罪を**オカ**（　　）す。
□㊹ 他国の領土を**オカ**（　　）す。
□㊺ 危険を**オカ**（　　）す。
□㊻ 卒業生を**オク**（　　）る。
□㊼ 祝いの品を**オク**（　　）る。
□㊽ 子どもを**オコ**（　　）る。
□㊾ 文化が**オコ**（　　）る。
□㊿ 成功を**オサ**（　　）める。
□51 税金を**オサ**（　　）める。
□52 領地を**オサ**（　　）める。
□53 学問を**オサ**（　　）める。

□54 念を**オ**（　　）す。
□55 委員長に**オ**（　　）す。
□56 裏と**オモテ**（　　）。
□57 矢**オモテ**（　　）に立つ。
□58 枝を**オ**（　　）る。
□59 糸で布を**オ**（　　）る。
□60 主役から**オ**（　　）ろす。
□61 貯金を**オ**（　　）ろす。
□62 人々が行き**カ**（　　）う。
□63 自転車を**カ**（　　）う。
□64 庭でうさぎを**カ**（　　）う。

□65 借金を**カエ**（　　）す。
□66 子どもを家に**カエ**（　　）す。
□67 自らを**カエリ**（　　）みる。
□68 過去を**カエリ**（　　）みる。
□69 形を**カ**（　　）える。
□70 電車を乗り**カ**（　　）える。
□71 休日を振り**カ**（　　）える。
□72 挨拶に**カ**（　　）える。
□73 最後の好機に**カ**（　　）ける。
□74 腰を**カ**（　　）ける。
□75 野山を**カ**（　　）ける。

ザ・漢字 アラカルト ⑪

〈熟語を解剖する——二字熟語の構成〉

二つの漢字を組み合わせてできた熟語の構成は、次のように分類できる。

❶**似た意味の漢字を重ねたもの**
例 幸福・出発・絵画・永久・衣服

❷**反対の意味の漢字を重ねたもの**
例 上下・往復・異同・善悪・矛盾

❸**上の漢字が下の漢字を修飾するもの**
例 強風（強い風）・悪人（悪い人）・善行（善い行い）・早熟（早く熟す）

❹**下から上へ返って読むもの**
例 読書（書を読む）・登山（山に登る）・習字（字を習う）・開会（会を開く）

❺**主語・述語の関係にあるもの**
例 国立（国が立てる）・人造（人が造る）

❻**上に打ち消しの漢字をつけたもの**
例 不足・未知・否定・非凡・無知

❼**接尾語（性・然・的・化）をつけたもの**
例 急性・当然・美的・進化

❽**同じ漢字を重ねたもの**
例 人々・国々・堂々・少々・洋々

❾**省略されたもの** 例 高校（高等学校）

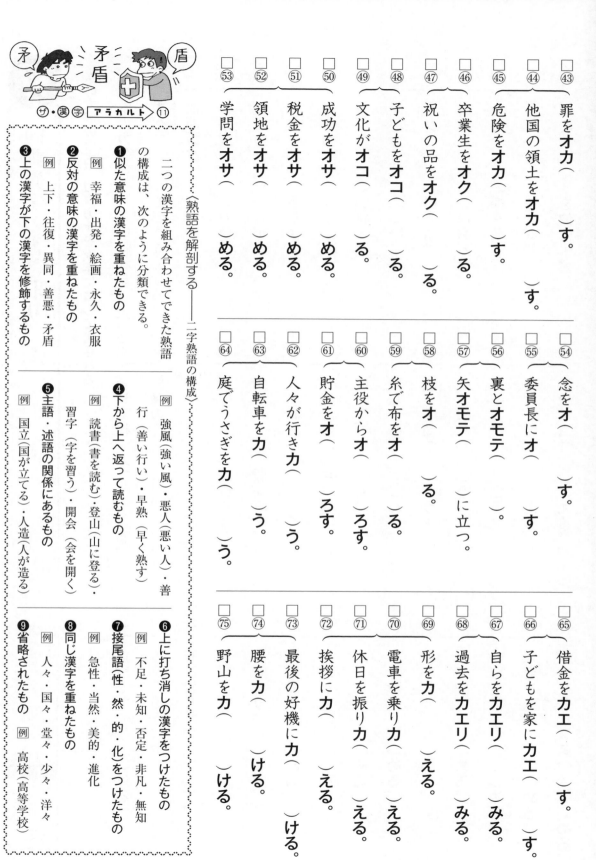

17 同訓異字の書き取り（2）

［　月　日］

得点　／75点

◇次の太字のうち、カタカナを漢字に直して書きなさい。（1点×75）

□① 木の**カゲ**（　　）に隠れる。 ＊見えない部分
□② **カゲ**（　　）も形もなくなる。 ＊すがた
□③ **血液ガタ**（　　）を調べる。
□④ **卵ガタ**（　　）の顔。
□⑤ 教え**カタ**（　　）がうまい。
□⑥ **カタ**（　　）手を挙げる。
□⑦ 母の**カタ**（　　）をたたく。
□⑧ **カタ**（　　）い材木。
□⑨ 頭が**カタ**（　　）い。
□⑩ **カタ**（　　）い表情。
□⑪ **川カミ**（　　）にある村。
□⑫ **カミ**（　　）様を祭る。
□⑬ **カミ**（　　）を折る。
□⑭ **カミ**（　　）を伸ばす。

□⑮ 全員で稲を**カ**（　　）る。
□⑯ 紅葉**ガ**（　　）りに行く。
□⑰ 木の**カワ**（　　）をはぐ。
□⑱ **カワ**（　　）遊びを楽しむ。
□⑲ **カワ**（　　）靴を磨く。
□⑳ 人の話を**キ**（　　）く。
□㉑ 音楽を熱心に**キ**（　　）く。
□㉒ 薬が**キ**（　　）く。
□㉓ 機転が**キ**（　　）く。
□㉔ 教えを**コ**（　　）う。
□㉕ 雨を**コ**（　　）う。
□㉖ 山を**コ**（　　）える。
□㉗ 千円を**コ**（　　）える。
□㉘ 土地が**コ**（　　）える。

□㉙ 値段を**サ**（　　）げる。
□㉚ カバンを手に**サ**（　　）げる。
□㉛ 布に針を**サ**（　　）す。
□㉜ 将棋を**サ**（　　）す。
□㉝ かさを**サ**（　　）す。
□㉞ 目が**サ**（　　）める。
□㉟ 料理が**サ**（　　）める。
□㊱ 店を**シ**（　　）める。
□㊲ 席を**シ**（　　）める。
□㊳ 首を**シ**（　　）める。
□㊴ 帯を**シ**（　　）める。
□㊵ 時間を**スス**（　　）める。
□㊶ 入会を**スス**（　　）める。 ＊誘う
□㊷ 彼を会長に**スス**（　　）める。 ＊すいせんする

□㊸ 川の水が**ス**（　　）む。
□㊹ 会議が**ス**（　　）む。

□㊺ 過ちを**セ**（　　）める。
□㊻ 敵を**セ**（　　）める。

□㊼ 線路に**ソ**（　　）う。
□㊽ 病人に付き**ソ**（　　）う。

□㊾ 墓に花を**ソナ**（　　）える。
□㊿ 台風に**ソナ**（　　）える。

□51 息が**タ**（　　）える。 ＊とだえる
□52 苦しみに**タ**（　　）える。 ＊がまんする
□53 鑑賞に**タ**（　　）える作品。 ＊ねうちがある

□54 席を**タ**（　　）つ。
□55 家が**タ**（　　）つ。
□56 退路を**タ**（　　）つ。
□57 生地を**タ**（　　）つ。

□58 気が**ツ**（　　）く。
□59 東京に**ツ**（　　）く。
□60 仕事に**ツ**（　　）く。
□61 やりで**ツ**（　　）く。

□62 来客を取り**ツ**（　　）ぐ。
□63 父の跡を**ツ**（　　）ぐ。
□64 病院で骨を**ツ**（　　）ぐ。

□65 文化を**ツク**（　　）る。
□66 豪華な客船を**ツク**（　　）る。

□67 解決に**ツト**（　　）める。
□68 会社に**ツト**（　　）める。
□69 議長を**ツト**（　　）める。

□70 問題を**ト**（　　）く。
□71 教えを**ト**（　　）く。

□72 部屋を**トトノ**（　　）える。
□73 費用を**トトノ**（　　）える。

□74 電車が駅に**ト**（　　）まる。
□75 ホテルに**ト**（　　）まる。

ザ・漢字 アラカルト ⑫

〈辞典で一つの見出し語に二つの漢字が並んでいるのはなぜ?〉

もとの漢字が当用漢字（常用漢字が定められる前に定められていたもの）にない場合、同音による書きかえがなされた。それ以降、辞典に二つの漢字が並べられるようになった。

暗誦《あんしょう》→暗唱
衣裳《いしょう》→衣装
遺蹟《いせき》→遺跡
陰翳《いんえい》→陰影
叡智《えいち》→英知
臆測《おくそく》→憶測
快闊《かいかつ》→快活

恢復《かいふく》→回復
活潑《かっぱつ》→活発
肝腎《かんじん》→肝心
奇蹟《きせき》→奇跡
決潰《けっかい》→決壊
訣別《けつべつ》→決別
交叉《こうさ》→交差

曠野《こうや》→広野
涸渇《こかつ》→枯渇
混淆《こんこう》→混交
根柢《こんてい》→根底
昏迷《こんめい》→混迷
撒布《さんぷ》→散布
刺戟《しげき》→刺激

蒐集《しゅうしゅう》→収集
障碍《しょうがい》→障害
焦躁《しょうそう》→焦燥
書翰《しょかん》→書簡
抒情《じょじょう》→叙情
試煉《しれん》→試練
侵蝕《しんしょく》→侵食

滲透《しんとう》→浸透
訊問《じんもん》→尋問
衰頽《すいたい》→衰退
尖鋭《せんえい》→先鋭
煽動《せんどう》→扇動
綜合《そうごう》→総合
頽廃《たいはい》→退廃

颱風《たいふう》→台風
煖房《だんぼう》→暖房
智慧《ちえ》→知恵
鄭重《ていちょう》→丁重
顚倒《てんとう》→転倒
曝露《ばくろ》→暴露
醱酵《はっこう》→発酵

拔萃《ばっすい》→抜粋
反撥《はんぱつ》→反発
諷刺《ふうし》→風刺
編輯《へんしゅう》→編集
抛棄《ほうき》→放棄
防禦《ぼうぎょ》→防御
諒承《りょうしょう》→了承

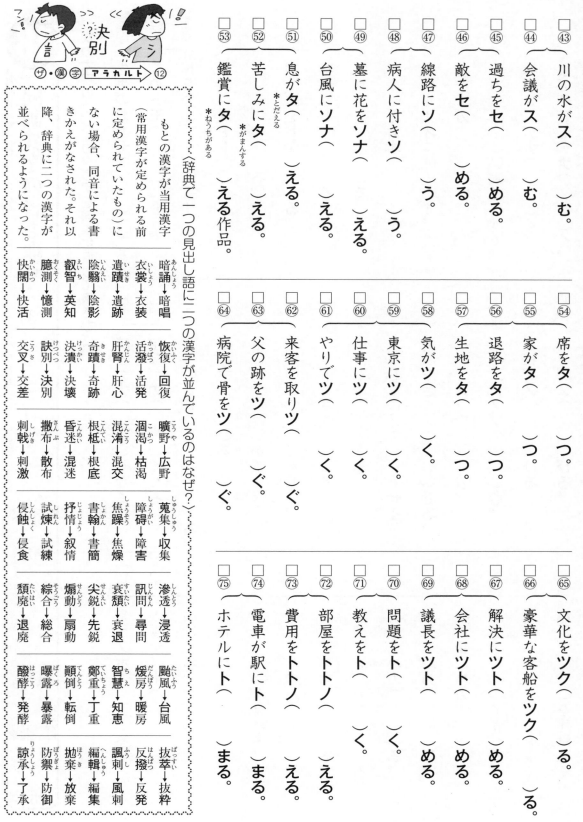

18 同訓異字の書き取り（3）

◇次の太字のうち、カタカナを漢字に直して書きなさい。（1点×75）

□① 先生のお**トモ**（　　）をする。
□② 昔の**トモ**（　　）に会う。
□③ **トモ**（　　）に語り合う。
□④ 会議の決を**ト**（　　）**る**。
□⑤ 手に**ト**（　　）**る**。
□⑥ 網で虫を**ト**（　　）**る**。
□⑦ 事務を**ト**（　　）**る**。
□⑧ 写真を**ト**（　　）**る**。
□⑨ 間違いを**ナオ**（　　）**す**。
□⑩ 病気を**ナオ**（　　）**す**。
□⑪ 指が**ナガ**（　　）**い**。
□⑫ **ナガ**（　　）**い**眠りに就く。
□⑬ 林でせみが**ナ**（　　）**く**。
□⑭ 家で子どもが**ナ**（　　）**く**。

□⑮ 障害が**ナ**（　　）**くなる**。
□⑯ 祖母が**ナ**（　　）くなる。
□⑰ 二つの要素から**ナ**（　　）**る**。
□⑱ 鐘が**ナ**（　　）**る**。
□⑲ 木の**ネ**（　　）が張る。
□⑳ 野菜の**ネ**（　　）が高い。
□㉑ ベッドで**ネ**（　　）**る**。
□㉒ 考えを**ネ**（　　）**る**。
□㉓ 友人を車に**ノ**（　　）**せる**。
□㉔ 荷物を台に**ノ**（　　）**せる**。
□㉕ 平和を**ノゾ**（　　）**む**。
□㉖ 入学式に**ノゾ**（　　）**む**。
□㉗ 日程が**ノ**（　　）**びる**。
□㉘ 学力が**ノ**（　　）**びる**。

□㉙ 京へ**ノボ**（　　）**る**。
□㉚ 太陽が**ノボ**（　　）**る**。
□㉛ 山に**ノボ**（　　）**る**。
□㉜ 動物の**ハ**（　　）。
□㉝ **ハ**（　　）が枯れる。
□㉞ かみそりの**ハ**（　　）。
□㉟ 重さを**ハカ**（　　）**る**。
□㊱ 合理化を**ハカ**（　　）**る**。
□㊲ 時間を**ハカ**（　　）**る**。
□㊳ 水深を**ハカ**（　　）**る**。
□㊴ 委員会に**ハカ**（　　）**る**。
□㊵ **ハシ**（　　）で食べる。
□㊶ 道の**ハシ**（　　）を歩く。
□㊷ **ハシ**（　　）を建設する。

〔　月　日〕

得点　　　75点

曖昧

ザ・漢字アラカルト⑬

□43 鳥をハナ（　　）す。
□44 手をハナ（　　）す。
□45 事情をハナ（　　）す。
□46 時のたつのがハヤ（　　）い。
□47 川の流れがハヤ（　　）い。
□48 気がハ（　　）れる。
□49 患部がハ（　　）れる。
□50 雨がフ（　　）る。
□51 旗をフ（　　）る。
□52 体重がへ（　　）る。
□53 月日をへ（　　）る。

□54 マ（　　）が悪い。
□55 マ（　　）に受ける。
□56 マ（　　）のあたりにする。
□57 鳥がム（　　）れる。
□58 暑さでム（　　）れる。
□59 火のモト（　　）に注意。
□60 法のモト（　　）の平等。
□61 ヤサ（　　）しい人。
□62 ヤサ（　　）しい問題。
□63 紙がヤブ（　　）れる。
□64 戦いにヤブ（　　）れる。

□65 ヤ（　　）根を修理する。
□66 ヤ（　　）賃を払う。
□67 弓ヤ（　　）で狩りをする。
□68 本をヨ（　　）む。
□69 俳句をヨ（　　）む。
□70 不注意にヨ（　　）る事故。＊げんいん
□71 犬のそばにヨ（　　）る。
□72 風呂がワ（　　）く。
□73 疑問がワ（　　）く。
□74 至難のワザ（　　）である。＊こと
□75 ワザ（　　）を磨く。＊ぎじゅつ

〈知っていると役立つ難読語の読みと意味 ①〉

現代文の教科書や入試に出てくる難読語である。読み方と意味を知っていると、現代文の解読にも必ず役立つ八〇語を取りあげた。何度も読み返そう。

・哀悼（あいとう）　悲しみいたむこと。
・曖昧（あいまい）　はっきりしないこと。
・一瞥（いちべつ）　ちらっと見ること。

・遺漏（いろう）　もれること。
・隠蔽（いんぺい）　おおいかくすこと。
・湮滅（いんめつ）　もみ消し。消滅。
・演繹（えんえき）　一般から個々を推論。
・懊悩（おうのう）　もだえ。苦悩。
・邂逅（かいこう）　めぐりあい。
・晦渋（かいじゅう）難しいこと。

・乖離（かいり）　そむき離れること。
・呵責（かしゃく）責め苦しめること。
・葛藤（かっとう）複雑にもつれること。
・危惧（きぐ）　おそれ。心配。
・帰趨（きすう）　結果としていきつく所。
・詭弁（きべん）　道理に合わない弁解。
・欺瞞（ぎまん）　あざむきだますこと。

（41ページに続く）

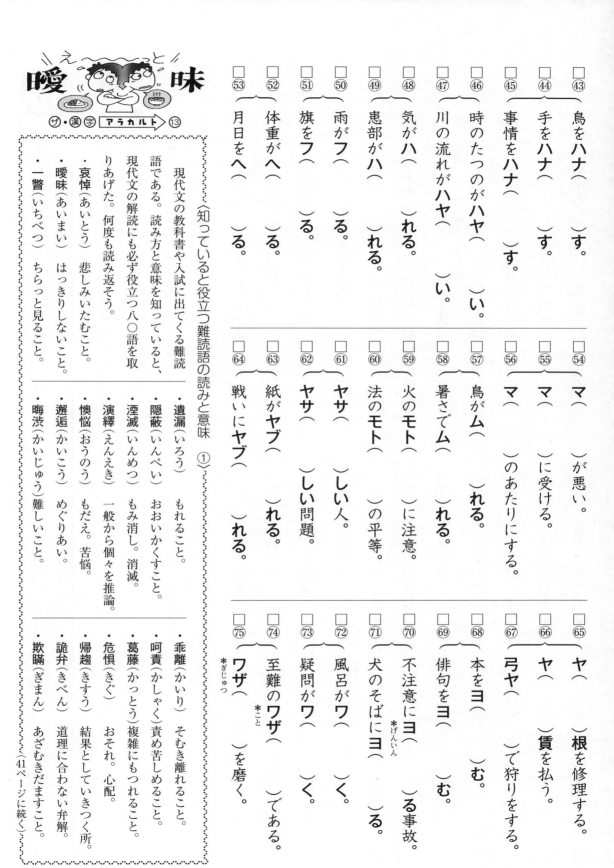

19 同音異義語の書き取り (1)

同じ読み方でも、違う熟語になる場合がある。そのような漢字を(1)~(3)に分けて一五〇題あげた。前後の文脈から意味を考えて、正しく書けるようにしよう。

得点　　　/50点

〔　月　日〕

◇次の太字のカタカナを漢字に直して書きなさい。（1点×50）

□① 関係者**イガイ**（　　　）の入室を禁ずる。

□② **イガイ**（　　　）な展開に驚いている。 ＊思いのほか

□③ **イギ**（　　　）のある高校生活を送る。 ＊ねうち

□④ 判決に**イギ**（　　　）を申し立てる。 ＊反対

□⑤ 明治時代の文豪の**イコウ**（　　　）が見つかる。

□⑥ 先方の**イコウ**（　　　）を聞く。

□⑦ **イコウ**（　　　）措置をとる。

□⑧ 五時**イコウ**（　　　）は店を閉める。

□⑨ 家具を**イドウ**（　　　）して気分転換を図る。

□⑩ 会社の人事**イドウ**（　　　）で課長になる。 ＊地位・職場などが変わること

□⑪ 二者の**イドウ**（　　　）を詳しく調べる。 ＊ちがい

□⑫ **カイシン**（　　　）して真面目に働く。 ＊こころをいれかえること

□⑬ **カイシン**（　　　）の作だと自慢する。 ＊こころにかなって満足なこと

□⑭ 「大化の**カイシン**（　　　）」について学ぶ。

□⑮ **カイテイ**（　　　）で生活する魚。

□⑯ 辞書を**カイテイ**（　　　）する。

□⑰ 組合の要求に対する**カイトウ**（　　　）。 ＊要求にこたえること

□⑱ 試験問題の**カイトウ**（　　　）を配る。

□⑲ 小鳥をかごから**カイホウ**（　　　）する。

□⑳ 校庭を地域の人々に**カイホウ**（　　　）する。

□㉑ 入院している祖母を**カイホウ**（　　　）する。 ＊病人などの世話をする

□㉒ 足のけがは**カイホウ**（　　　）に向かっている。

□㉓ 保守と**カクシン**（　　　）の争い。

□㉔ **カクシン**（　　　）を持って返事をする。

□㉕ **カクシン**（　　　）に迫る質問。

□㉖ 実験の**カテイ**（　　　）を説明する。 ＊けいかしていく道すじ

□㉗ 中学校の**カテイ**（　　　）を終える。

□㉘ 雪が降ると**カテイ**（　　　）して計画を立てる。

ザ・漢字アラカルト ⑭

□㉙ 秋は**カンショウ**（　　）的な気分になる。 ＊もの悲しい気持ち

□㉚ 熱帯魚を飼って**カンショウ**（　　）する。 ＊見て楽しむ

□㉛ 展覧会で絵画を**カンショウ**（　　）する。 ＊芸術を味わう

□㉜ 親から**カンショウ**（　　）される。 ＊立ち入ってかかわりあう

□㉝ 音楽に**カンシン**（　　）を持っている。 ＊興味

□㉞ 老人をいたわる**カンシン**（　　）な少女。

□㉟ 客の**カンシン**（　　）を買う店員。 ＊気に入るようにする

□㊱ **カンシン**（　　）に堪えない非行。 ＊恐れや不安でぞっとすること

□㊲ 新しいプールが**カンセイ**（　　）する。

□㊳ **カンセイ**（　　）な住宅街。

□㊴ 勝った瞬間に**カンセイ**（　　）が上がる。 ＊喜びの声

□㊵ **カンセン**（　　）は暑いと開きやすい。

□㊶ **カンセン**（　　）が出港する。

□㊷ サッカーの試合を**カンセン**（　　）する。

□㊸ 病気に**カンセン**（　　）する。

□㊹ 彼は**キカイ**（　　）体操が得意だ。 ＊簡単なしくみの道具

□㊺ 工場の**キカイ**（　　）化が進む。 ＊動力で動くしくみの道具

□㊻ なかなか得点の**キカイ**（　　）に恵まれない。 ＊チャンス

□㊼ 旅行の思い出を**キコウ**（　　）文につづる。 ＊旅行中の記録

□㊽ **キコウ**（　　）の不順な日が続く。 ＊てんき

□㊾ **キコウ**（　　）の改革に努める。 ＊システム

□㊿ 福祉について新聞に**キコウ**（　　）する。 ＊書いたものを送る

〈知っていると役立つ難読語の読みと意味 ②〉

- 杞憂（きゆう）　とりこし苦労。
- 驚愕（きょうがく）非常におどろくこと。
- 胸襟（きょうきん）胸のうち。心の中。
- 強靭（きょうじん）しなやかで強いこと。
- 苦衷（くちゅう）　苦しい心の中。
- 形而下（けいじか）形のあるもの。
- 形而上（けいじじょう）感覚的なもの。

- 稀有（けう）　めったにない様子。
- 懸念（けねん）　気がかりに思うこと。
- 乾坤（けんこん）　天と地。陰と陽。
- 倦怠（けんたい）　あきて嫌になること。
- 嚆矢（こうし）　物事のはじめ。
- 高邁（こうまい）　気高く優れていること。
- 鼓吹（こすい）　考えをふきこむこと。

- 誤謬（ごびゅう）間違い。誤り。
- 固陋（ころう）　頑固で見識が狭いこと。
- 混沌（こんとん）区別がつかないさま。
- 錯綜（さくそう）入り交じること。
- 些細（ささい）　取るに足りないさま。
- 暫時（ざんじ）　しばらくの間。
- 恣意（しい）　勝手な考え。気まま。

（43ページに続く）

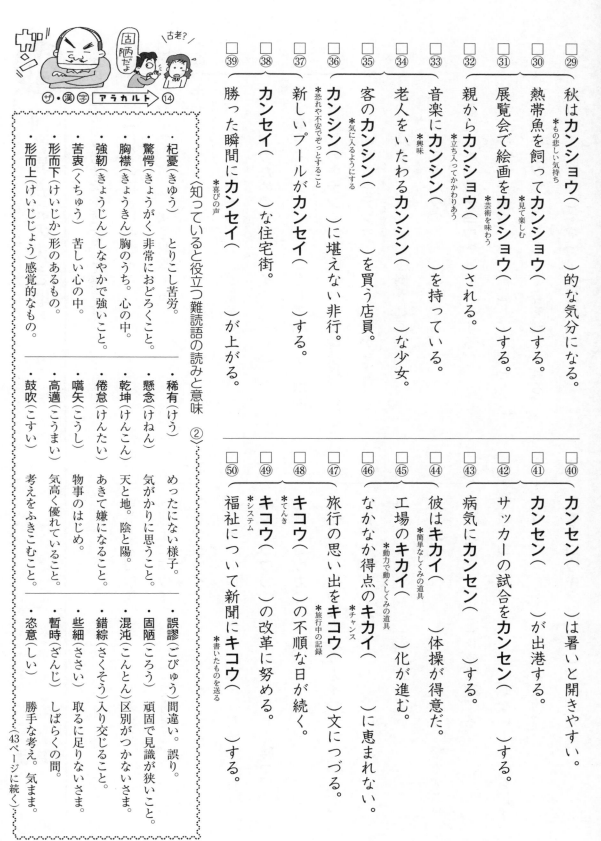

20 同音異義語の書き取り (2)

◇次の太字のカタカナを漢字に直して書きなさい。(1点×50)

□① 夏休みに父の田舎に**キセイ**(　　)する。
□② **キセイ**(　　)虫を駆除する。
□③ **キセイ**(　　)の事実として認める。 ＊すでにできていること
□④ デパートで**キセイ**(　　)服を買う。 ＊完成品として作られているもの
□⑤ マラソンのための交通**キセイ**(　　)。
□⑥ 東京駅を**キテン**(　　)として五十キロ以内。 ＊もとになるところ
□⑦ マラソンの**キテン**(　　)となる競技場。 ＊始まるところ
□⑧ とっさの時に**キテン**(　　)を利かせる。 ＊うまい知恵が働くこと
□⑨ 敵の**キハク**(　　)に圧倒される。 ＊立ち向かう精神力
□⑩ 水を加えて**キハク**(　　)にする。 ＊うすいこと
□⑪ 重要性を**キョウチョウ**(　　)する。
□⑫ 互いに**キョウチョウ**(　　)して助け合う。
□⑬ 全員が**キリツ**(　　)して客を迎え入れる。
□⑭ **キリツ**(　　)を守って生活する。

□⑮ 勇気ある**コウイ**(　　)を褒める。
□⑯ 同級生に**コウイ**(　　)を寄せる。 ＊親愛感
□⑰ 先輩の**コウイ**(　　)に感謝する。 ＊思いやりの心
□⑱ プレゼントに**コウカ**(　　)な物をもらう。
□⑲ 練習の**コウカ**(　　)を発揮して勝つ。
□⑳ 全員で**コウカ**(　　)をうたう。
□㉑ 文化祭を一般の人に**コウカイ**(　　)する。
□㉒ 世界一周の**コウカイ**(　　)に出る。 ＊船で行くこと
□㉓ **コウカイ**(　　)先に立たず
□㉔ **コウガイ**(　　)を出さないよう努力する。
□㉕ **コウガイ**(　　)に家を建てる。
□㉖ 情報を**コウガイ**(　　)しないよう念を押す。
□㉗ **コウキ**(　　)な身分の人物。
□㉘ 珍客を**コウキ**(　　)の目で見る。

得点 ／50点

(　月　日)

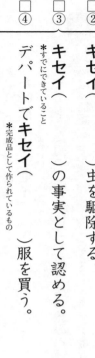

□㉙ 福利**コウセイ**（　　）の充実を目ざす。 ＊生活を健康で豊かなものにすること

□㉚ 悪の道から**コウセイ**（　　）して働く。 ＊生活を改めること

□㉛ **コウセイ**（　　）な選挙を行う。

□㉜ 印刷物の**コウセイ**（　　）をする。

□㉝ 家族**コウセイ**（　　）を調べる。

□㉞ 一日の**コウテイ**（　　）を三十キロと決める。 ＊みちのり

□㉟ 作業の**コウテイ**（　　）を確認する。

□㊱ **コウテイ**（　　）でサッカーをする。

□㊲ 相手の意見を**コウテイ**（　　）する。

□㊳ 政党の**コウニン**（　　）を得て立候補する。 ＊正式にみとめること

□㊴ 前社長の**コウニン**（　　）に選ばれる。

□㊵ **コウバイ**（　　）の緩い坂を上る。

□㊶ 学校の**コウバイ**（　　）部でパンを買う。

□㊷ **サイシン**（　　）の注意を払う。

□㊸ **サイシン**（　　）の情報を手に入れる。 ＊もっともあたらしい

□㊹ 社員にボーナスが**シキュウ**（　　）される。

□㊺ これを**シキュウ**（　　）届けてください。

□㊻ 交通**ジコ**（　　）で大けがをする。

□㊼ 百メートル走で**ジコ**（　　）新記録を出す。

□㊽ 彼の意見を**シジ**（　　）する。 ＊賛成する

□㊾ **シジ**（　　）されたことを実行する。 ＊さしず

□㊿ 長年、S教授に**シジ**（　　）する。 ＊先生として敬い、教えを受けること

〈知っていると役立つ難読語の読みと意味 ③〉

・市井（しせい）　人家の集まっている所。
・終焉（しゅうえん）死に際。臨終。
・成就（じょうじゅ）なしとげられること。
・焦燥（しょうそう）あせること。いらいら。
・所詮（しょせん）結局。つまり。どうせ。
・脆弱（ぜいじゃく）もろくてよわいこと。
・精緻（せいち）　細かく詳しいこと。

・寂寥（せきりょう）ものさびしい様子。
・刹那（せつな）　極めて短い時間。
・漸次（ぜんじ）　次第に。だんだん。
・羨望（せんぼう）うらやましく思うこと。
・仄聞（そくぶん）　うわさに聞くこと。
・遜色（そんしょく）劣っている様子。
・対峙（たいじ）　向かい合うこと。

・緻密（ちみつ）　きめの細かい様子。
・躊躇（ちゅうちょ）ためらうこと。
・抵触（ていしょく）差し障り。くい違い。
・顛末（てんまつ）　初めから終わりまで。
・如実（にょじつ）　実際のとおり。
・破廉恥（はれんち）恥を恥と思わないこと。
・庇護（ひご）　かばい守ること。保護。

（45ページに続く）

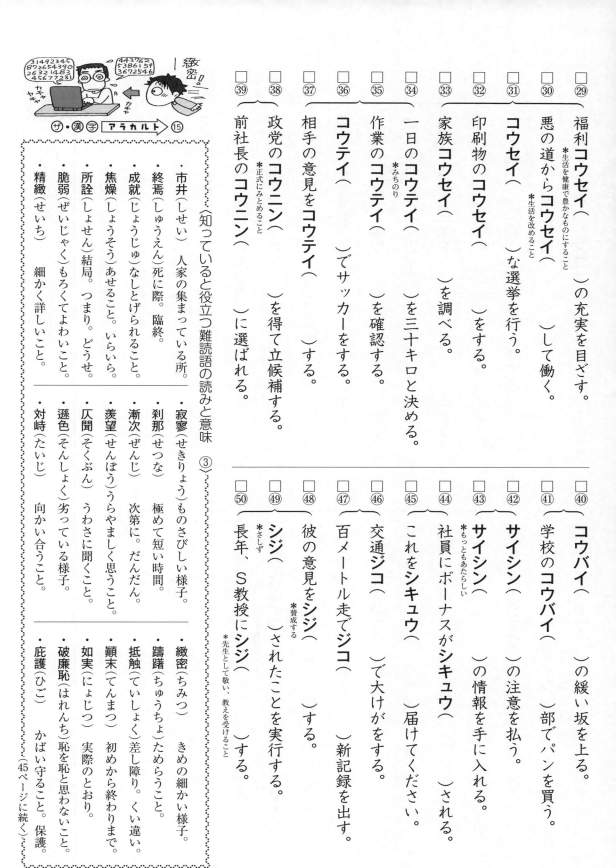

21 同音異義語の書き取り（3）

◇次の太字のカタカナを漢字に直して書きなさい。（1点×50）

□① 私**ジシン**（　　）の問題である。
□② **ジシン**（　　）をもって大会に臨む。
□③ 突然の**ジシン**（　　）でびっくりする。

□④ 今日から交通安全**シュウカン**（　　）だ。
□⑤ 電車の中で**シュウカン**（　　）誌を読む。
□⑥ 悪い**シュウカン**（　　）を直す。

□⑦ 混乱した事態を**シュウシュウ**（　　）する。 ＊うまくまとめること
□⑧ ゴミの**シュウシュウ**（　　）は週に二回ある。 ＊あつめること

□⑨ 友達を親に**ショウカイ**（　　）する。
□⑩ 行方不明者の身元を**ショウカイ**（　　）する。 ＊問い合わせる

□⑪ 宗教を**シンコウ**（　　）するのは自由である。
□⑫ **シンコウ**（　　）住宅地に家を建てる。 ＊あらたに開けた場所
□⑬ 特定の事業を**シンコウ**（　　）する。
□⑭ 彼とは十年来、**シンコウ**（　　）が続いている。 ＊したしいつきあい

□⑮ **シンセン**（　　）な野菜を買う。
□⑯ 川の**シンセン**（　　）を測る。

□⑰ 列車が駅に**シンニュウ**（　　）する。
□⑱ 他国の領土に**シンニュウ**（　　）する。 ＊無理に押しいること
□⑲ あふれた水が**シンニュウ**（　　）してくる。 ＊建物などに水がはいること

□⑳ **セイカク**（　　）な時間に合わせる。
□㉑ **セイカク**（　　）が良くて人に好かれる。

□㉒ 実験に**セイコウ**（　　）する。
□㉓ **セイコウ**（　　）に作られた時計。

□㉔ 新たな芸術の**ソウゾウ**（　　）に取り組む。 ＊初めてつくりだすこと
□㉕ **ソウゾウ**（　　）したとおりの結果になる。

□㉖ 研究の**タイショウ**（　　）に猿を選ぶ。 ＊相手
□㉗ 兄弟でありながら**タイショウ**（　　）的な性格。 ＊違いがはっきりしている
□㉘ 左右**タイショウ**（　　）の図形をかく。 ＊つり合っている

（　月　日）

得点　　　/50点

□㉙ 部長の責任をツイキュウ（　　　　）する。 ＊問いつめる
□㉚ 徹底して利潤をツイキュウ（　　　　）する。 ＊手に入れようとしておいもとめる
□㉛ 長年、真理をツイキュウ（　　　　）している。 ＊不明なことを明らかにする

□㉜ 責任をテンカ（　　　　）する。
□㉝ 着色料がテンカ（　　　　）された食品。

□㉞ 戦場からトウソウ（　　　　）する。
□㉟ トウソウ（　　　　）本能に従って戦う。

□㊱ 権力者に対するハンラン（　　　　）を起こす。
□㊲ 情報がハンラン（　　　　）する。

□㊳ 生命ホケン（　　　　）に入るように勧められる。
□㊴ 母はホケン（　　　　）所に勤めている。

□㊵ 安全をホショウ（　　　　）するための条約を結ぶ。 ＊守る
□㊶ 一年間のホショウ（　　　　）つきのカメラ。 ＊うけ合う
□㊷ 薬害の被害者に対し国がホショウ（　　　　）する。 ＊つぐなう

□㊸ ユウリョウ（　　　　）道路を利用する。
□㊹ ユウリョウ（　　　　）な品種に改良する。 ＊すぐれている

□㊺ この問題はヨウイ（　　　　）に解決しそうにない。 ＊たやすい
□㊻ 旅行に行くヨウイ（　　　　）をする。 ＊準備

□㊼ 美しいヨウシ（　　　　）に見とれる。 ＊顔つきとすがた
□㊽ 新聞の社説のヨウシ（　　　　）をまとめる。 ＊だいたいの内容

□㊾ この案には検討のヨチ（　　　　）がある。 ＊残されているところ
□㊿ 未来をヨチ（　　　　）する能力。 ＊まえもってしる

ザ・漢字アラカルト⑯

〈知っていると役立つ難読語の読みと意味 ④〉

・畢竟（ひっきょう）つまり。結局
・払拭（ふっしょく）ぬぐい去ること。
・辟易（へきえき）うんざりすること。
・呆然（ぼうぜん）あっけにとられる様子。
・彷彿（ほうふつ）よく似ている様子。
・煩悩（ぼんのう）人間の欲望や迷い。
・邁進（まいしん）勇気をもって進むこと。

・埋没（まいぼつ）うずもれること。
・未曽有（みぞう）これまでなかったこと。
・無垢（むく）けがれのないこと。
・凌駕（りょうが）他をしのぐこと。
・歪曲（わいきょく）事実をゆがめること。
・矮小（わいしょう）背丈が低く小さいこと。
・自惚れ（うぬぼれ）自分を偉く思うこと。

・固唾（かたず）緊張で口にたまる唾。
・曲者（くせもの）怪しい者。
・怪訝（けげん）納得のいかない様子。
・洒落（しゃれ）気の利いた文句。
・黄昏（たそがれ）夕暮れどき。夕方。
・馴染み（なじみ）なれ親しむこと。
・所以（ゆえん）理由。わけ。

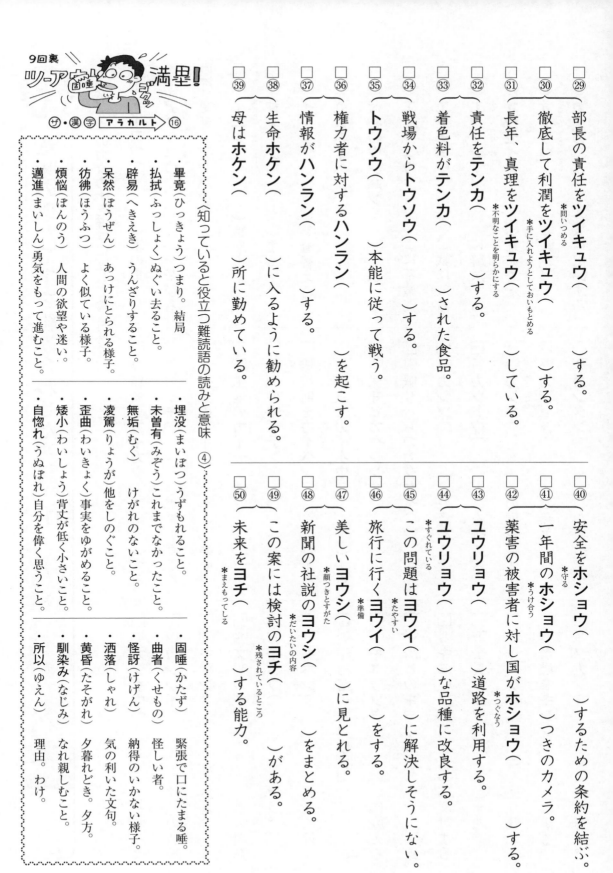

22 意味の似た二字を組み合わせた熟語 (1)

35ページの「二字熟語の構成」のうち、似た意味の漢字を重ねたものを⑴と⑵に分けて一五〇題あげた。漢字の意味を思い浮かべながら、正しく書いてみよう。

〔　月　日〕

得点　　/75点

◇次の太字のカタカナを漢字に直して書きなさい。（1点×75）

- □① **アイコウ**（　　）家の集まり。
- □② **アイシュウ**（　　）を帯びる。　＊ものがなしい様子
- □③ 患部を**アッパク**（　　）する。
- □④ **イニン**（　　）状を出す。　＊まかせること
- □⑤ 神を**イフ**（　　）する。
- □⑥ **イフク**（　　）を着替える。
- □⑦ 気象の**イヘン**（　　）。　＊へんか
- □⑧ 荷物の**ウンパン**（　　）。
- □⑨ **エイキュウ**（　　）に不滅だ。
- □⑩ **エンチョウ**（　　）戦に入る。
- □⑪ **エンマン**（　　）に解決する。　＊角が立たない様子
- □⑫ **オウセイ**（　　）な好奇心。
- □⑬ **オンワ**（　　）な人柄。　＊おとなしくてやさしい
- □⑭ **カイガ**（　　）展に出品する。
- □⑮ 組織を**カイカク**（　　）する。
- □⑯ **カイキ**（　　）現象が起こる。
- □⑰ 会議の**カイシ**（　　）時間。
- □⑱ 生活の**カイゼン**（　　）。
- □⑲ 頭の**カイテン**（　　）。
- □⑳ 校則を**カイヘン**（　　）する。　＊内容をかえること
- □㉑ 施設を**カイホウ**（　　）する。　＊出入り、使用を自由にする
- □㉒ 保守と**カクシン**（　　）。
- □㉓ 眠りからの**カクセイ**（　　）。
- □㉔ **カシツ**（　　）を認める。　＊あやまち
- □㉕ **カツドウ**（　　）を始める。
- □㉖ **カンキ**（　　）の涙を流す。　＊よろこび
- □㉗ **カンゼン**（　　）無欠
- □㉘ **カンタン**（　　）な構造。
- □㉙ **ガンボウ**（　　）がかなう。
- □㉚ **カンレイ**（　　）前線の通過。
- □㉛ **キケン**（　　）が迫る。
- □㉜ 文明の**キゲン**（　　）の調査。　＊おこり
- □㉝ **キボウ**（　　）を持つ。
- □㉞ **キホン**（　　）どおりに行う。
- □㉟ 遭難者の**キュウジョ**（　　）。
- □㊱ **キュウソク**（　　）に冷える。
- □㊲ 隣との**キョウカイ**（　　）線。
- □㊳ **キョウコ**（　　）に反対する。
- □㊴ 全員**キリツ**（　　）する。
- □㊵ **キロク**（　　）を塗り替える。
- □㊶ 喫煙を**キンシ**（　　）する。
- □㊷ **クナン**（　　）に打ち勝つ。　＊くるしみ

□㊸ 母は**クロウ**（　　　）性です。

□㊹ **グンシュウ**（　　　）心理

□㊺ 病後の**ケイカ**（　　　）は良好だ。

□㊻ 災害を**ケイカイ**（　　　）する。

□㊼ 技術の**ケイショウ**（　　　）。

□㊽ 立派な**ケイレキ**（　　　）。

□㊾ 商売の**ケッソン**（　　　）。
＊収入より支出が多くなること

□㊿ 話の**ケツマツ**（　　　）。

□51 **ゲンイン**（　　　）を調査する。

□52 **ゲンジュウ**（　　　）注意。
＊きびしいこと

□53 人口の**ゲンショウ**（　　　）。
＊へってすくなくなること

□54 工場を**ケンセツ**（　　　）する。

□55 **ケンチク**（　　　）士を目ざす。

□56 **コウジョウ**（　　　）的な努力。

□57 **コウダイ**（　　　）な土地。
＊ひろくておおきい様子

□58 **コウハイ**（　　　）した土地。

□59 **コウフク**（　　　）な人生。

□60 **コウミョウ**（　　　）が見える。
＊輝くひかり、のぞみ

□61 **コンゲン**（　　　）を探る。
＊大もと

□62 **コンポン**（　　　）的な解決。

□63 **コンラン**（　　　）を収める。

□64 昆虫の**サイシュウ**（　　　）。

□65 突然の**サイナン**（　　　）。

□66 計画書の**サクセイ**（　　　）。

□67 大会に**サンカ**（　　　）する。

□68 神社に**サンパイ**（　　　）する。
＊おまいりすること

□69 **シアン**（　　　）のしどころだ。
＊深くかんがえること

□70 **シケン**（　　　）を受ける。

□71 **シゲン**（　　　）を大切に使う。

□72 **シコウ**（　　　）を巡らす。
＊かんがえ

□73 **シジ**（　　　）を出す。
＊さしず

□74 役員を**ジタイ**（　　　）する。

□75 **シッパイ**（　　　）と成功。

ザ・漢字アラカルト⑰

〈類義語はセットが覚えやすい ①〉

同じような意味を表す熟語を類義語（同義語）という。

・安全＝無事
・運輸＝輸送

・永久＝永遠	・風景＝景色	・動作＝挙動	・興味＝関心	・成分＝要素	・材料＝原料	・残念＝遺憾
・悪習＝悪弊	・円満＝温厚	・欠点＝短所	・試験＝考査	・救助＝救済	・方法＝手段	・我慢＝忍耐
・一生＝終身	・限界＝限度	・節約＝倹約	・順調＝好調	・心配＝不安	・冷静＝沈着	・長所＝美点
・改良＝改善	・決心＝覚悟	・自然＝天然	・対等＝互角	・参考＝参照	・有名＝著名	・名人＝達人
・返事＝応答	・看病＝介抱	・特徴＝特色	・賛成＝同意	・雑然＝乱雑	・逃走＝逃亡	・簡単＝容易
・感動＝感激	・性格＝気質	・向上＝進歩	・将来＝未来	・突然＝不意	・倒産＝破産	・予測＝予期
・希望＝願望	・最良＝最善	・価格＝値段	・苦悩＝心痛	・体験＝経験	・留守＝不在	・便利＝重宝

（49ページに続く）

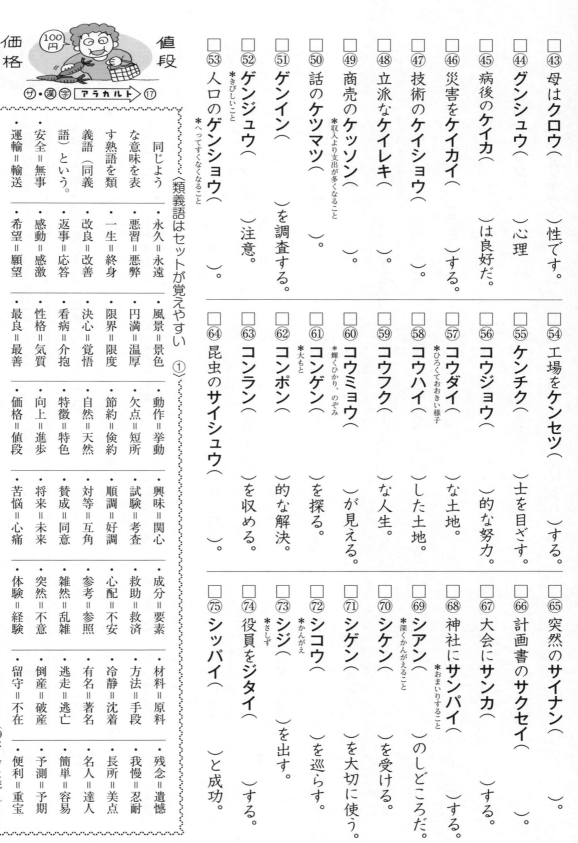

23 意味の似た二字を組み合わせた熟語 (2)

〔　月　日〕

得点　/75点

◇次の太字のカタカナを漢字に直して書きなさい。(1点×75)

□① **ジドウ**（　　）文学を読む。

□② 入学を**シボウ**（　　）する。

□③ **シュウイ**（　　）は海だ。

□④ **シュウカン**（　　）づける。　＊ならわし

□⑤ ごみの**シュウシュウ**（　　）。　＊あつめること

□⑥ **シュウチ**（　　）心のない人。

□⑦ 人生の**シュウマツ**（　　）。　＊おわり

□⑧ 学生寮の**シュエイ**（　　）。

□⑨ 資格を**シュトク**（　　）する。　＊自分のものにすること

□⑩ **シュリョウ**（　　）用の道具。

□⑪ **ショウコ**（　　）を見せる。

□⑫ **ショウジキ**（　　）な人。

□⑬ 権利の**ショウシツ**（　　）。　＊なくなること

□⑭ 以下は**ショウリャク**（　　）。

□⑮ 障害物の**ジョキョ**（　　）。　＊とりさること

□⑯ **シンセキ**（　　）が集まる。

□⑰ **シンラツ**（　　）な言葉。

□⑱ **セイケツ**（　　）な衣服。

□⑲ スピードの**セイゲン**（　　）。

□⑳ **セイサン**（　　）と消費。

□㉑ **セイジュン**（　　）な少女。　＊きよらかでけがれのないこと

□㉒ **セイゾン**（　　）を確認する。　＊いきていること

□㉓ 人員を**セイリ**（　　）する。

□㉔ 電線を**セツダン**（　　）する。

□㉕ 工場の**セツビ**（　　）。　＊そなえつけ

□㉖ **センソウ**（　　）と平和。

□㉗ 人口が**ゾウカ**（　　）する。

□㉘ **ソウコ**（　　）に入れる。

□㉙ 土地の**ソクリョウ**（　　）。

□㉚ 父を**ソンケイ**（　　）する。

□㉛ 会社の**ソンシツ**（　　）。　＊そんをすること

□㉜ 砂が**タイセキ**（　　）する。　＊つみかさなる

□㉝ **タンジュン**（　　）な間違い。

□㉞ 世代の**ダンゼツ**（　　）。　＊考え方がへだたっていること

□㉟ **タンドク**（　　）で実行する。　＊ひとり

□㊱ 首相の**ダンワ**（　　）。　＊はなし

□㊲ **チシキ**（　　）が身につく。

□㊳ **チミツ**（　　）な計画。

□㊴ **チョウサ**（　　）中の事件。

□㊵ 特急が**ツウカ**（　　）する。

□㊶ 情報の**テイキョウ**（　　）。

□㊷ 条約の**テイケツ**（　　）。

□㊸ いったん**テイシ**（　　　）する。
□㊹ **テイド**（　　　）を下げる。
□㊺ **テキトウ**（　　　）に選ぶ。
□㊻ 作戦を**テンカイ**（　　　）する。 ＊くりひろげること
□㊼ データの**テンプ**（　　　）。
□㊽ **ドウクツ**（　　　）の探索。
□㊾ 人口が**トシ**（　　　）に集まる。 ＊大きなまち
□㊿ 足首の**ネンザ**（　　　）。
□51 完全**ネンショウ**（　　　）する。 ＊もえること
□52 商品の**ノウニュウ**（　　　）。 ＊おさめること
□53 物資の**ハイキュウ**（　　　）。

□54 **ハイゴ**（　　　）から襲われる。 ＊うしろ
□55 論理の**ハタン**（　　　）。
□56 **ヒッス**（　　　）の条件。
□57 **ヒミツ**（　　　）にする。
□58 **フクザツ**（　　　）な事情。
□59 敵に**フクジュウ**（　　　）する。
□60 土地を**ブンカツ**（　　　）する。 ＊わけること
□61 状態が**ヘンカ**（　　　）する。
□62 警官が**ホウイ**（　　　）する。 ＊とりかこむ
□63 津波の**ボウゴ**（　　　）壁。
□64 係り結びの**ホウソク**（　　　）。

□65 **ホウフ**（　　　）な人材。
□66 敵の姿を**ホソク**（　　　）する。 ＊とらえること
□67 データを**ホゾン**（　　　）する。
□68 赤字を**ホテン**（　　　）する。
□69 海中に**マイボツ**（　　　）する。
□70 子どもの**ヨウイク**（　　　）費。 ＊やしないそだてる
□71 賃上げの**ヨウキュウ**（　　　）。
□72 **リエキ**（　　　）を上げる。
□73 **ルリ**（　　　）色の石。
□74 **レンゾク**（　　　）する番号。
□75 **ワイロ**（　　　）を受け取る。

自慢顔

得意顔

ザ・漢字 アラカルト ⑱

〈類義語はセットが覚えやすい ②〉

・納得＝了解
・準備＝用意
・船出＝出帆
・形勢＝情勢
・特別＝格別
・活用＝応用
・消息＝音信

・日常＝平素
・薄情＝冷淡
・普通＝通常
・親類＝縁者
・没頭＝専心
・意外＝案外＝存外
・温和＝温順＝温良

・改革＝変革＝革新
・休養＝静養＝保養
・見学＝見物＝参観
・情景＝光景＝様子
・公正＝公平＝平等
・他界＝死去＝死亡
・承認＝承知＝認可

・所有＝所持＝保持
・上達＝習熟＝熟練
・成長＝発育＝生育
・製作＝製造＝生産
・外国＝他国＝異国
・母国＝祖国＝故国
・方向＝方角＝方位

・過不足＝過不及
・努力家＝勉強家
・無神経＝無頓着
・無遠慮＝無作法
・文学者＝文芸家
・世俗的＝通俗的
・瀬戸際＝天王山

・原始林＝原生林
・総出演＝総動員
・首謀者＝張本人
・防衛兵＝守備兵
・退潮期＝衰退期
・能筆家＝能書家
・得意顔＝自慢顔

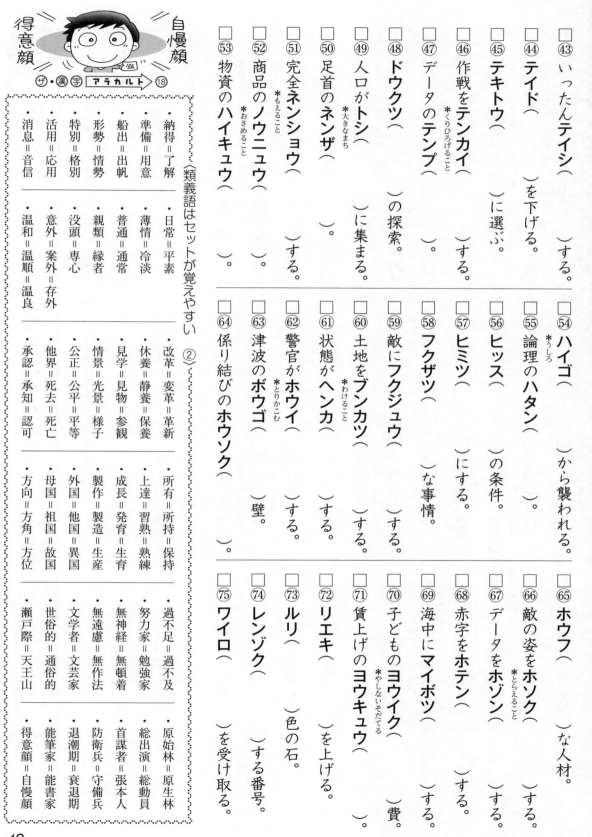

24 反対の意味の二字を組み合わせた熟語（1）

35ページの「二字熟語の構成」のうち、「反対の意味の漢字を重ねたもの」を⑴と⑵に分けて一〇〇題あげた。読みを答えるものと漢字を答えるものの二通りある。

得点　　／50点

（　　月　　日）

◇次の太字のカタカナは漢字に直し、漢字は読み方をひらがなで書きなさい。（1点×50）

□① **愛憎**（　　）の感情が入り混じる。

□② 天気の急変で**アンピ**（　　）が気がかりだ。　＊無事かどうか

□③ 両者の**イドウ**（　　）を比較する。　＊ちがい

□④ **インガ**（　　）関係を明らかにする。　＊げんいんとけっか

□⑤ **好悪**（　　）の感情をむき出しにする。　＊すききらい

□⑥ 国家の**栄枯**（　　）盛衰を感じる。

□⑦ 風景画を**エンキン**（　　）法で描く。

□⑧ 多少の**凹凸**（　　）は無視する。

□⑨ **オウフク**（　　）の運賃を精算する。

□⑩ ドアの**カイヘイ**（　　）は静かにせよ。

□⑪ 裁判で**黒白**（　　）を争う。

□⑫ 昼と夜で**カンダン**（　　）の差が大きい。　＊さむさとあたたかさ

□⑬ **キフク**（　　）のあるコースを走る。　＊高くなったり低くなったりしている

□⑭ 話し方に**キョウジャク**（　　）をつける。

□⑮ 世の中の**虚実**（　　）を見分ける。　＊うそとまこと

□⑯ 長年、**クラク**（　　）を共にする。　＊くるしみとたのしみ

□⑰ 事の**ケイチョウ**（　　）をわきまえる。　＊かるさとおもさ

□⑱ **ケイチョウ**（　　）用の礼服を着る。　＊お祝い事と不幸

□⑲ **コウイン**（　　）矢のごとし　＊月日・時間

□⑳ **有無**（　　）を言わせず連れて行く。

□㉑ **コウザイ**（　　）相半ばする　＊てがらとつみ

□㉒ **コウシ**（　　）共に忙しい毎日が続く。　＊おおやけとわたくし

□㉓ **コウシュ**（　　）所を変える。　＊せめとまもり

□㉔ **コウセツ**（　　）にかかわらず募集する。

□㉕ **コウハク**（　　）に分かれてリレーをする。

□㉖ 王朝の**コウボウ**（　　）について調べる。　＊栄えることと滅びること

□㉗ **コキュウ**（　　）困難で入院する。

□㉘ **緩急**（　　）をつけたピッチングをする。　＊遅いと速い

□㉙ **古今**（　　　　）東西の歴史を調べる。
*昔といま

□㉚ **サイダイ**（　　　　）漏らさず記録する。
*こまかいこととおおきいこと

□㉛ **サイホウ**（　　　　）道具を買う。

□㉜ 故郷の**サンガ**（　　　　）を思い出す。
*「サンカ」ともいう

□㉝ **サンピ**（　　　　）を問う住民投票を行う。
*さんせいと反対

□㉞ 会社の倒産は**シカツ**（　　　　）に関わる問題だ。
*しぬか生きるか

□㉟ **ジタ**（　　　　）共に許すスピードランナー。
*じぶんとたにん

□㊱ いつの間にか**主客**（　　　　）転倒してしまう。
*「主客転倒」で事の重要度などが逆になること

□㊲ 離合**シュウサン**（　　　　）を繰り返す。
*あつまることとちること

□㊳ 今年度の**シュウシ**（　　　　）決算は黒字になった。
*しゅうにゅうとししゅつ

□㊴ **シュウシ**（　　　　）変わらない態度をとる。
*はじめからおわりまで

□㊵ 試合で**縦横**（　　　　）無尽の活躍をする。
*「縦横無尽」で自由自在

□㊶ **需給**（　　　　）関係のバランスをとる。
*需要と供給

□㊷ うわさの**真偽**（　　　　）のほどを確かめる。
*まことかうそか

□㊸ 景品を**ジュジュ**（　　　　）する。

□㊹ この二人は**シュジュウ**（　　　　）関係にある。
*しゅじんと使用人

□㊺ タイムカードで**シュッケツ**（　　　　）を調べる。

□㊻ 彼の主張は**シュビ**（　　　　）一貫している。
*はじめとおわり

□㊼ 駅のホームは**ジョウコウ**（　　　　）客であふれる。
*のりおり

□㊽ これまでの私には**ショウバツ**（　　　　）はない。
*褒めることとばっすること

□㊾ 必要に応じて**取捨**（　　　　）選択する。

□㊿ **シンキュウ**（　　　　）の役員が事務引き継ぎを行う。
*あたらしいものと古いもの

〈対義語もセットが覚えやすい ①〉

反対の意味を表す熟語を対義語（反対語）という。

・悪評↕好評
・甘口↕辛口

・安全↕危険
・移動↕固定
・違法↕合法
・韻文↕散文
・鋭角↕鈍角
・栄転↕左遷
・演繹↕帰納

・延長↕短縮
・往信↕返信
・解雇↕採用
・開国↕鎖国
・開始↕終了
・解放↕束縛
・快楽↕苦痛

・加害↕被害
・拡大↕縮小
・可決↕否決
・華美↕質素
・歓喜↕悲哀
・簡潔↕煩雑
・簡単↕複雑

・完敗↕圧勝
・陥没↕隆起
・寛容↕厳格
・簡略↕詳細
・記憶↕忘却
・起床↕就寝
・奇数↕偶数

・吉報↕凶報
・義務↕権利
・強硬↕柔軟
・共同↕単独
・許可↕禁止
・虚偽↕真実
・緊張↕弛緩

・勤勉↕怠惰
・具体↕抽象
・軽快↕鈍重
・軽視↕重視
・軽率↕慎重
・軽薄↕重厚
・軽蔑↕尊敬

・嫌悪↕愛好
・謙虚↕高慢
・倹約↕浪費
・攻撃↕防御
・高尚↕低俗
・購入↕売却
・興奮↕冷静

（53ページに続く）

25 反対の意味の二字を組み合わせた熟語（2）

◇次の太字のカタカナは漢字に直し、漢字は読み方をひらがなで書きなさい。（1点×50）

□① 川の**深浅**（　　）を測る。
□② 会社が発表した**貸借**（　　）対照表を検討する。 ＊かしかり
□③ うわさの**セイゴ**（　　）を確認する。
□④ 平氏一族の**セイスイ**（　　）。
□⑤ **セイフク**（　　）の議長を選ぶ。
□⑥ **凸凹**（　　）道をバスに揺られて行く。
□⑦ **ゼンアク**（　　）をわきまえた行動をとる。 ＊よいこととわるいこと
□⑧ **ゼンゴ**（　　）左右によく注意せよ。
□⑨ 旅館の**ソウゲイ**（　　）バスに乗る。 ＊おくることとむかえること
□⑩ 水かさの**ゾウゲン**（　　）を測る。
□⑪ **ソンエキ**（　　）の決算報告をする。 ＊そんしつとりえき
□⑫ **ソンボウ**（　　）を賭けた戦い。
□⑬ **出納**（　　）簿をつけて金銭を管理する。 ＊お金や品物の出し入れ
□⑭ 品物の**タカ**（　　）は問わない。

□⑮ 宇宙服を**ダッチャク**（　　）する訓練。
□⑯ **ダンゾク**（　　）的に地震が起こる。
□⑰ **タンプク**（　　）さまざまな事情。
□⑱ **チュウヤ**（　　）を問わず活動する。 ＊ひるとよる
□⑲ **チョウタン**（　　）相補う。 ＊いいところと悪いところ
□⑳ **是非**（　　）とも実現したいと願っている。 ＊なんとかして
□㉑ 先生に作文の**添削**（　　）を依頼する。 ＊文章などを直すこと
□㉒ 自由の**テンチ**（　　）を求めて海外へ飛び立つ。 ＊世界
□㉓ 灯台の光が**テンメツ**（　　）している。
□㉔ 相手の**ドウセイ**（　　）を探る。 ＊世の中や人のうごき
□㉕ ピッチャーが**トウダ**（　　）にわたって活躍する。
□㉖ 総選挙の**トウラク**（　　）を予想する。
□㉗ **トクシツ**（　　）だけで物事を考える人物。
□㉘ 問題を**ナンイ**（　　）度順に並べる。

□㉙ 罪状**ニンピ**（　　　）が行われる。

□㉚ 色彩に**ノウタン**（　　　）をつける。
＊こいことと薄いこと

□㉛ 商品を**バイバイ**（　　　）する。
＊うりかい

□㉜ 観光船が**ハッチャク**（　　　）する港。

□㉝ **ヒキ**（　　　）こもごもの表情を見せる。
＊かなしみとよろこび

□㉞ **抑揚**（　　　）をつけて音読する。
＊調子をあげたりさげたりすること

□㉟ **ヒョウリ**（　　　）一体をなす。
＊おもてとうら

□㊱ **ヒンプ**（　　　）の差が拡大する。
＊まずしいことと豊かなこと

□㊲ 二人は結婚して**フウフ**（　　　）になる。

□㊳ **フクハイ**（　　　）に敵を受ける。

□㊴ 会社の**フチン**（　　　）の鍵となる企画。

□㊵ **ホンマツ**（　　　）転倒の議論ばかりしている。
＊「ホンマツ転倒」で、重要なこととつまらないことが逆転してしまうこと

□㊶ 二人の**メイアン**（　　　）を分けた選択。

□㊷ **メイジツ**（　　　）ともに第一人者となる。
＊なまえと内容

□㊸ **モンドウ**（　　　）無用という態度をとる。
＊しつもんとおうとう

□㊹ **ユウレツ**（　　　）がつけられないほどのできばえ。
＊まさることとおとること

□㊺ 作品の**美醜**（　　　）を論じる。
＊うつくしいこととみにくいこと

□㊻ 二人は**リガイ**（　　　）関係でつながっている。

□㊼ **ロウシ**（　　　）の両者が歩み寄って解決する。
＊ろうどうしゃと、しようしゃ

□㊽ あちらこちらから**老若**（　　　）男女が集まる。

□㊾ **ワカン**（　　　）混交文で書かれた『平家物語』。
＊日本と中国

□㊿ **ワヨウ**（　　　）折衷の生活様式。
＊日本と西よう

ザ・漢字 アラカルト ⑳

〈対義語もセットが覚えやすい ②〉

・巧妙↔拙劣 ・質疑↔応答 ・消滅↔発生 ・創刊↔廃刊 ・恥辱↔名誉 ・難解↔平易 ・分裂↔統一 ・予習↔復習

・興隆↔滅亡 ・支配↔従属 ・進展↔停滞 ・早熟↔晩成 ・直喩↔隠喩 ・破壊↔建設 ・文明↔野蛮 ・与党↔野党

・困難↔容易 ・集結↔離散 ・親密↔疎遠 ・創造↔模倣 ・抵抗↔屈服 ・販売↔購買 ・放任↔統制 ・落第↔及第

・雑然↔整然 ・主観↔客観 ・成功↔失敗 ・粗野↔優雅 ・定例↔臨時 ・繁忙↔閑散 ・豊富↔欠乏 ・楽観↔悲観

・散在↔密集 ・需要↔供給 ・生産↔消費 ・大胆↔小心 ・特殊↔一般 ・必然↔偶然 ・暴落↔高騰 ・理論↔実践

・斬新↔陳腐 ・上昇↔下降 ・接近↔離反 ・脱退↔加入 ・特別↔普通 ・分解↔合成 ・保守↔革新 ・隣接↔遠隔

・自然↔人工 ・承諾↔拒絶 ・絶対↔相対 ・単純↔複雑 ・独立↔隷属 ・分析↔総合 ・裕福↔貧困 ・老練↔幼稚

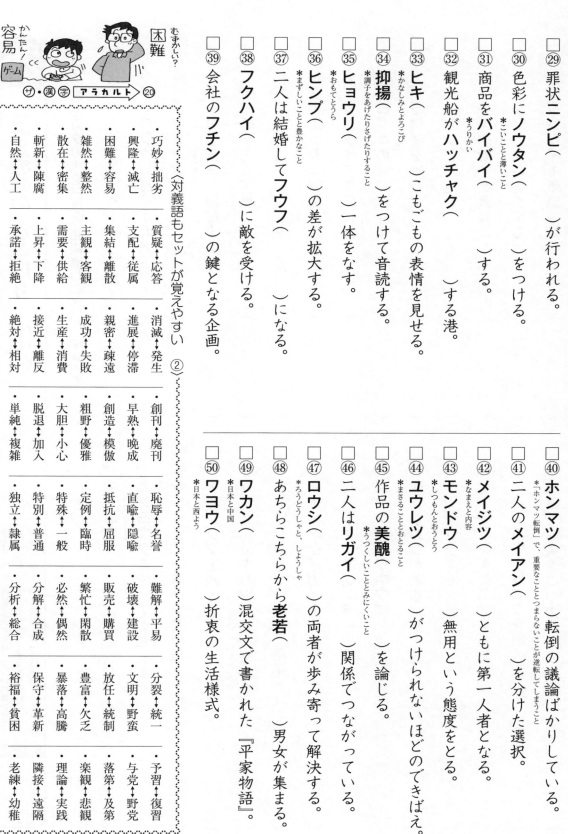

26 三字熟語の書き取り (1)

漢字は二字の熟語が基本であるが、三字の熟語もある。二字の熟語の上や下に一字を加えて意味を広げたものが大部分である。(1)と(2)に分けて一〇〇題取りあげてある。

〔　月　日〕

得点　　／50点

◇次の太字のカタカナを三字熟語に直しなさい。（1点×50）

□① クラス会の**アンナイジョウ**が届く。（　　）
□② **ウチュウフク**に身をかためる。（　　）
□③ 勝って**ウチョウテン**になる。（　　）
＊とても得意な様子
□④ **エイギョウショ**で勤務する。（　　）
□⑤ **エイセイテキ**な部屋。（　　）
□⑥ 食事で五大**エイヨウソ**をとる。（　　）
□⑦ 舞台の**エンシュツカ**を目指す。（　　）
□⑧ **カイショタイ**で丁寧に記す。（　　）
□⑨ **ガイロジュ**の葉が散り始める。（　　）
□⑩ **カブキ**役者を目指す。（　　）
□⑪ **カモツセン**が入港してくる。（　　）
□⑫ **カンキャクセキ**が満員になる。（　　）
□⑬ **ガングヤ**で買い物をする。（　　）
□⑭ **カンダンケイ**で気温を調べる。（　　）

□⑮ **カンポウヤク**をせんじて飲む。（　　）
＊中国伝来のくすり
□⑯ **カンヨウク**を使って文章を書く。（　　）
＊きまりもんく
□⑰ 煙をはいて**キカンシャ**が進んで行く。（　　）
□⑱ **キキンゾク**を扱う店で働く。（　　）
□⑲ ガソリンは**キハツユ**の一種である。（　　）
□⑳ **キュウジョタイ**によって発見される。（　　）
□㉑ ルールが**ケイガイカ**する。（　　）
□㉒ 犯人が**ケイサツショ**に出頭してくる。（　　）
□㉓ 父の**ケンコウホウ**はジョギングです。（　　）
□㉔ **ケンサカン**が厳密に調べる。（　　）
□㉕ **ゲンジツテキ**な考え方。（　　）
□㉖ **ゲンシリン**がどこまでも続いている。（　　）
□㉗ 今年の**コウウリョウ**を調べる。（　　）
□㉘ 映画で音楽を**コウカテキ**に使う。（　　）

□㉙ 新しい**コウクウロ**の開設。（　　）

□㉚ **コキュウキ**の病気にかかる。（　　）

□㉛ 地の利を**サイダイゲン**に生かす。（　　）

□㉜ 地方**サイバンショ**に訴える。（　　）

□㉝ 音楽祭の**シカイシャ**を務める。（　　）

□㉞ 映画の**シシャカイ**に行く。（　　）

□㉟ サッカーの**シドウホウ**を学ぶ。（　　）

□㊱ **シハツエキ**から電車に乗る。（　　）

□㊲ **シャジツテキ**な手法で絵を描く。（　　）

□㊳ **ショウカキ**の取り扱い方の説明。（　　）

□㊴ 松などの**シンヨウジュ**を植える。（　　）

□㊵ 水が**スイジョウキ**になる。（　　）

□㊶ **セイセキヒョウ**のことが気になる。（　　）

□㊷ **セッキョクテキ**に行動する。（　　）

□㊸ ユニホームの**セバンゴウ**。（　　）

□㊹ **センモンカ**による講習会。（　　）

□㊺ デパートの**ソウケッサン**バーゲン。（　　）
＊ある期間の収入・支出のバランスのけっさん

□㊻ **ソウゴウテキ**に判断して決定する。（　　）

□㊼ 彼は**ソクセンリョク**になる。（　　）

□㊽ **ソッコウジョ**による天気予報。（　　）

□㊾ **ダイキボ**な工事が行われる。（　　）

□㊿ **タイヨウケイ**の天体。（　　）

ザ・漢字アラカルト㉑

〈熟語を解剖する――三字・四字熟語の構成〉

三字・四字熟語の構成は、二字の熟語の組み立てが基本になる。

三字熟語の構成

❶二字の熟語の下に一字を加えたもの
例 建築物　経済学　企画力　文化祭

❷二字の熟語の上に一字を加えたもの
例 大自然　再出発　超一流　食生活

❸二字の熟語の上に打ち消しの漢字がついたもの
例 非常識　未完成　無関心　不可能

❹二字の熟語に接尾語がついたもの
例 科学的　安全性　近代化　実験用

❺三字がそれぞれ対等に並んでいるもの
例 衣食住　上中下　松竹梅　知情意

四字熟語の構成　35ページの二字熟語の構成の❶～❸と基本的に同じ。

❶ 悪戦《イコール》苦闘　公明　正大　完全　無欠

❷ 有名　無実　右往　左往　針小　棒大

❸ 我田　引水　不言　実行　自業　自得

❹四字が対等に並んでいるもの
例 東西南北　喜怒哀楽

27 三字熟語の書き取り（2）

◇次の太字のカタカナを三字熟語に直しなさい。（1点×50）

□① **タンキカン**で完成させる。（　　）
□② **タンケンタイ**が秘境を行く。（　　）
□③ **チョウノウリョク**を使う。（　　）
□④ 出版物には**チョサクケン**がある。（　　）
□⑤ **チョゾウコ**に蓄える。（　　）
□⑥ **ツウシンキ**を使った連絡網。（　　）
□⑦ アイデアの**テイアンシャ**。（　　）
□⑧ 通学**テイキケン**を購入する。（　　）
□⑨ 文語**テイケイシ**を作る。（　　）
□⑩ **テイリュウジョ**でバスを待つ。（　　）
□⑪ **デンジシャク**を使った実験をする。（　　）
□⑫ 大阪城の**テンシュカク**に上る。＊高くそびえた物見やぐら（　　）
□⑬ この戦いが**テンノウザン**になる。＊勝敗の分かれ目（　　）
□⑭ **テンボウダイ**から周りを眺める。（　　）

□⑮ 爆弾の**ドウカセン**。（　　）
□⑯ **トウロンカイ**で意見を述べる。（　　）
□⑰ オリンピックの**トクハイン**になる。（　　）
□⑱ 実用的な発明で**トッキョケン**を得る。＊とくべつにさしむける人（　　）
□⑲ 風邪の**ナイフクヤク**を飲む。（　　）
□⑳ **ナンパセン**から乗客を救助する。＊あらしでこわれたふね（　　）
□㉑ **ニッキチョウ**を買いに行く。（　　）
□㉒ 資格の**ニンテイショ**を発行する。（　　）
□㉓ **ノウコウチ**を開拓する。＊田畑のためのとち（　　）
□㉔ 祖父が**ノウヒンケツ**で倒れる。（　　）
□㉕ **ノリクミイン**による救助活動。（　　）
□㉖ お寺で**ハイカンリョウ**を払う。（　　）
□㉗ **ハクブツカン**で資料を調査する。（　　）
□㉘ **ハンサヨウ**の力で押し返される。＊逆の方向に働く力（　　）

得点　　/50点

〔　月　日〕

□㉙ 海で**ビセイブツ**を採集する。（　　）

□㉚ **フウライボウ**のように旅をする。（　　）

□㉛ **フクサヨウ**が出る。（　　）

□㉜ **ブサホウ**を注意される。（　　）
＊行儀が悪いこと

□㉝ **フシギ**な現象に遭遇する。（　　）

□㉞ 大会参加のための**フタンキン**。（　　）

□㉟ 道が**ホウシャジョウ**に広がる。（　　）

□㊱ 台風によって**ボウフウウ**となる。（　　）

□㊲ 祝賀会の**ホッキニン**を務める。（　　）
＊なにかを始めようと計画するひと

□㊳ ヒトは**ホニユウルイ**だ。（　　）

□㊴ **ミゾウ**の危機。（　　）

□㊵ **ムサベツ**に攻撃する。（　　）

□㊶ **モゾウシ**でポスターを作る。（　　）

□㊷ 友達と**ユウエンチ**に行く。（　　）

□㊸ 小包の**ユウソウリョウ**を払う。（　　）

□㊹ **ユウランセン**で湖を巡る。（　　）

□㊺ 増便して**ユソウリョウ**を増やす。（　　）

□㊻ **ヨウリョクソ**を含んだ食べ物。（　　）
＊みどり色のしきそ

□㊼ 自分中心の**リコテキ**な人間。（　　）
＊自分のりえきや幸福だけを中心とする考え方

□㊽ **ルイジヒン**に気をつける。（　　）
＊にているしなもの

□㊾ **レイダンボウ**完備の家に住む。（　　）

□㊿ **ロンリテキ**に説明する。（　　）
＊すじ道の通っていること

ザ・漢字 アラカルト ㉒

〈難読四字熟語の読みと意味 ①〉

・一蓮托生《いちれんたくしょう》…仲間が行動や運命を共にすること。
・慇懃無礼《いんぎんぶれい》…表面上は丁寧なように見えるが、実は尊大であること。
・有為転変《ういてんぺん》…世の中の移り変わりが激しく、はかないこと。
・有象無象《うぞうむぞう》…大勢のつまらない者ども。

・紆余曲折《うよきょくせつ》…事情が込み入って複雑なこと。
・夏炉冬扇《かろとうせん》…時期外れで、役に立たないもの。
・艱難辛苦《かんなんしんく》…つらく苦しいこと。
・旗幟鮮明《きしせんめい》…自分の考えをはっきりさせること。
・九鼎大呂《きゅうていたいりょ》…貴重な物や重い地位。

・虚心坦懐《きょしんたんかい》…わだかまりがなく、素直でさっぱりした気持ち。
・毀誉褒貶《きよほうへん》…けなすこととほめること。
・金科玉条《きんかぎょくじょう》…これ以上ない大切なきまり。
・荒唐無稽《こうとうむけい》…言うことがでたらめで、根拠のないこと。
・孤軍奮闘《こぐんふんとう》…ただ一人で激しく戦うこと。

（59ページに続く）

28 四字熟語の書き取り

四字熟語は二字の熟語を組み合わせたものが多い。この組み合わせは、35ページの「二字熟語の構成」とほぼ同じである。意味も覚えておこう。

〔　月　日〕

得点　　/50点

◇次の（　）に、右横の読みを参考に漢字を入れて、四字熟語を完成させなさい。（1点×50）

□① 悪戦《あくせん》（　）《く》闘《とう》　＊くるしみながらも努力をすること。

□② 以心《いしん》（　）《でん》心《しん》　＊黙っていても気持ちが通じ合うこと。

□③ 一目《いちもく》（　）《りょう》然《ぜん》　＊ひと目ではっきりとわかるさま。

□④ 一朝一《いっちょういっ》（　）《せき》　＊わずかの月日。

□⑤ 意味《いみ》（　）《しん》長《ちょう》　＊ふかい意味を含んでいるさま。

□⑥ 栄枯《えいこ》（　）《せい》衰《すい》　＊さかえたり衰えたりすること。

□⑦ 温《おん》（　）《こ》知新《ちしん》　＊古いことから新しい知識を得ること。

□⑧ 我《が》（　）《でん》引水《いんすい》　＊自分に都合よくはからうこと。

□⑨ 感慨無《かんがいむ》（　）《りょう》　＊深く身にしみて感じること。

□⑩ （　）《かん》善懲悪《ぜんちょうあく》　＊善事をすすめ、悪をこらしめること。

□⑪ 危機一《ききいっ》（　）《ぱつ》　＊危険がすぐ近くにせまっていること。

□⑫ 起死《きし》（　）《かい》生《せい》　＊最悪の状態を立ち直らせること。

□⑬ （　）《ぎ》心暗鬼《しんあんき》　＊うたがうと何も信じられなくなること。

□⑭ 喜怒哀《きどあい》（　）《らく》　＊人間が持つさまざまな感情。

□⑮ （　）《ごう》岸不遜《がんふそん》　＊自分を偉いと思い、相手を見下すさま。

□⑯ 荒唐無《こうとうむ》（　）《けい》　＊根拠がないため、現実味のないこと。

□⑰ 五里《ごり》（　）《む》中《ちゅう》　＊さっぱり見当がつかないこと。

□⑱ 才色《さいしょく》（　）《けん》備《び》　＊女性が才能と美しさを持っていること。

□⑲ 自《じ》（　）《が》自賛《じさん》　＊自分のことを自分で褒めること。

□⑳ 試行錯《しこうさく》（　）《ご》　＊失敗を重ねながら目的に近づくこと。

□㉑ 弱肉強《じゃくにくきょう》（　）《しょく》　＊弱い者が強い者のえじきになること。

□㉒ 縦横《じゅうおう》（　）《む》尽《じん》　＊自由自在なこと。

□㉓ 枝葉《しよう》（　）《まっ》節《せつ》　＊ものごとの細かな、つまらない部分。

□㉔ （　）《し》離滅裂《りめつれつ》　＊ばらばらでまとまりがないこと。

□㉕ 心《しん》（　）《き》一転《いってん》　＊あることがきっかけで心が変わること。

□㉖ 針小《しんしょう》（　）《ぼう》大《だい》　＊物事をおおげさに言うこと。

□㉗ 絶《ぜっ》（　）《たい》絶命《ぜつめい》　＊どうすることもできない困難な立場。

□㉘ 千差万《せんさばん》（　）《べつ》　＊種類や違いの多いこと。

□㉙前代《ぜんだい》（　《み》）聞《もん》　＊これまでに聞いたことがないこと。

□㉚千《せん》（　《ぺん》）万化《ばんか》　＊物事がさまざまにかわること。

□㉛大《たい》（　《き》）晩成《ばんせい》　＊優れた人物は遅く大成すること。

□㉜（　《たい》）金積玉《きんせききょく》　＊多くの富を集めること。

□㉝（　《たん》）刀直入《とうちょくにゅう》　＊いきなり重要な内容に入っていくこと。

□㉞徹《てっ》（　《とう》）徹尾《てつび》　＊初めから終わりまで。

□㉟（　《てん》）変地異《ぺんちい》　＊地震などの自然の異変。

□㊱東《とう》（　《ほん》）西走《せいそう》　＊あちらこちらをかけまわること。

□㊲日《にっ》（　《しん》）月歩《げっぽ》　＊休みなく絶えずすすんでいくこと。

□㊳（　《ば》）耳東風《じとうふう》　＊人の意見や批評を聞き流すこと。

□㊴半信半《はんしんはん》（　《ぎ》）　＊はっきり信じられずに迷うこと。

□㊵（　《び》）目秀麗《もくしゅうれい》　＊顔立ちが端正で整っていること。

□㊶不倶《ふぐ》（　《たい》）天《てん》　＊恨みや怒りが強いこと。

□㊷付《ふ》（　《わ》）雷同《らいどう》　＊わけもなく他人の意見に従うこと。

□㊸傍若《ぼうじゃく》（　《ぶ》）人《じん》　＊他人を気にせず気ままにふるまうこと。

□㊹無我《むが》（　《む》）中《ちゅう》　＊物事に熱中し、我を忘れること。

□㊺無《む》（　《み》）乾燥《かんそう》　＊おもしろみや、あじわいのないこと。

□㊻（　《ゆう》）柔不断《じゅうふだん》　＊ぐずぐずして思いきりが悪いこと。

□㊼（　《ゆう》）名無実《めいむじつ》　＊名まえだけで実質が伴わないこと。

□㊽羊質《ようしつ》（　《こ》）皮《ひ》　＊見かけ倒しで内容が伴わないこと。

□㊾竜頭蛇《りゅうとうだ》（　《び》）　＊初めは盛んで終わりがふるわないこと。

□㊿（　《りん》）機応変《きおうへん》　＊その場に応じて適切な処置をすること。

千載一遇

ザ・漢字アラカルト ㉓

〈難読四字熟語の読みと意味　②〉

・自縄自縛《じじょうじばく》…自分で自分を苦しめること。
・周章狼狽《しゅうしょうろうばい》…あわてふためく様子。
・深謀遠慮《しんぼうえんりょ》…十分に準備した計画。
・森羅万象《しんらばんしょう》…この世のすべてのもの。
・晴天白日《せいてんはくじつ》…無実の罪の疑いが晴れること。
・切磋琢磨《せっさたくま》…互いに励ましあって、向上すること。

・千載一遇《せんざいいちぐう》…めったにないチャンス。
・泰然自若《たいぜんじじゃく》…ゆったりとして、落ち着いている様子。
・天真爛漫《てんしんらんまん》…飾ったり気取ったりせず、無邪気で屈託のない様子。
・陶犬瓦鶏《とうけんがけい》…形や外見は優れているが、実際には役に立たないこと。

・博覧強記《はくらんきょうき》…知識が豊かなこと。
・波瀾万丈《はらんばんじょう》…激しい変化に富んでいること。
・風光明媚《ふうこうめいび》…自然の景色の美しいこと。
・不撓不屈《ふとうふくつ》…どんな困難に出会っても、心がくじけないこと。
・明鏡止水《めいきょうしすい》…心が澄み切っている様子。
・和気藹々《わきあいあい》…和やかな気分が満ちた様子。

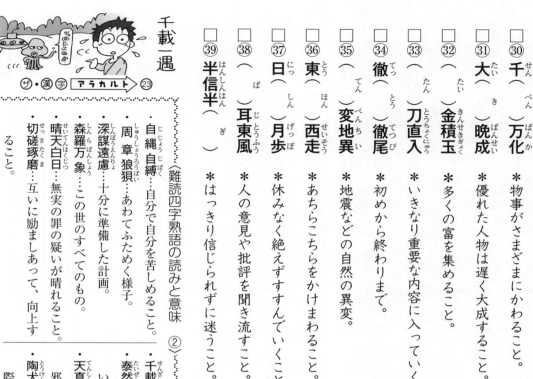

29 慣用句の漢字と意味

慣用句は、二つ以上の語が結びついて、もとの意味から離れた特別の意味を表す言葉。体の一部の名を使ったものが多い。次ページで意味も考えてみよう。

得点　　／84点

〔　月　日〕

◇次の（　）に漢字を一字入れて、慣用句を完成させなさい。（1点×84）

□①青菜に（　）

□②揚げ（　）を取る

□③（　）に銘じる

□④（　）の開くほど見る

□⑤泡を（　）う

□⑥浮き（　）立つ

□⑦後ろ（　）を引かれる

□⑧運を（　）に任せる

□⑨お（　）を濁す

□⑩同じ（　）の飯を食う

□⑪（　）が甘い

□⑫顔から（　）が出る

□⑬肩（　）張る

□⑭かぶとを（　）ぐ

□⑮かゆい所に（　）が届く

□⑯木で（　）をくくる

□⑰（　）が上がらない

□⑱口（　）に乗る

□⑲口（　）を切る

□⑳くもの（　）を散らす

□㉑舌を（　）く

□㉒（　）馬に乗る

□㉓すずめの（　）

□㉔隅に（　）けない

□㉕（　）を高くする

□㉖（　）の一声

□㉗手（　）に掛ける

□㉘手に（　）を握る

□㉙頭（　）を現す

□㉚（　）を飾る

□㉛二の足を（　）む

□㉜猫の（　）も借りたい

□㉝寝（　）に水

□㉞根も（　）もない

□㉟（　）が笑う

□㊱へそを（　）げる

□㊲（　）を染める

□㊳（　）の持ち腐れ

□㊴（　）に掛ける

□㊵焼け（　）に水

□㊶柳に（　）

□㊷（　）をあだで返す

◇次の意味にあたる慣用句を右ページから選び、番号を書きなさい。（(ア)〜(セ)は①〜⑭、(ソ)〜(フ)は⑮〜㉘、(ヘ)〜(レ)は㉙〜㊷から選びなさい。）

□(ア) 心残りがあって思い切れないこと。（　　）
□(イ) 深く心にとめて忘れないこと。（　　）
□(ウ) 守りが弱いこと。（　　）
□(エ) その場をごまかすこと。（　　）
□(オ) 元気がなく、しおれること。（　　）
□(カ) 気負ったりいばったりすること。（　　）
□(キ) 驚き慌てること。（　　）
□(ク) 相手の力に及ばないと認めること。（　　）
□(ケ) とても恥ずかしい思いをすること。（　　）
□(コ) 言葉じりをとらえて責めること。（　　）
□(サ) なりゆきにまかせること。（　　）
□(シ) 親しい仲間であること。（　　）
□(ス) じっと見つめること。（　　）
□(セ) 落ち着きを失い逃げ腰になること。（　　）

□(ソ) 散り散りに逃げ出すこと。（　　）
□(タ) うまい言葉にだまされること。（　　）
□(チ) かるはずみに人に従うこと。（　　）
□(ツ) 安心して寝ること。（　　）
□(テ) たいへん無愛想な態度をとること。（　　）
□(ト) 見聞きしてはらはらすること。（　　）
□(ナ) 引け目があり、対等でないこと。（　　）
□(ニ) 新たなきっかけを最初に作ること。（　　）
□(ヌ) 苦労して無事に育てること。（　　）
□(ネ) あなどるわけにはいかないこと。（　　）
□(ノ) 細かい点まで十分に行き届くこと。（　　）
□(ハ) 有力者の一言。（　　）
□(ヒ) ひどく感心してしまうこと。（　　）
□(フ) ごくわずかなこと。（　　）

□(ヘ) 機嫌を悪くしてかたいじをはる。（　　）
□(ホ) たいへん忙しいこと。（　　）
□(マ) 疲れて足ががくがくすること。（　　）
□(ミ) 相手を巧みに受け流すこと。（　　）
□(ム) 成功して故郷に帰ること。（　　）
□(メ) 何の根拠もないこと。（　　）
□(モ) 恩を忘れてひどいことをすること。（　　）
□(ヤ) 各地を飛び歩くこと。（　　）
□(ユ) 決断をためらうこと。（　　）
□(ヨ) 役立つものを使わないでいること。（　　）
□(ラ) いくら努力してもききめがない。（　　）
□(リ) 才能が群を抜いて目立っている。（　　）
□(ル) 恥ずかしさで赤面する。（　　）
□(レ) 不意をつかれてびっくりすること。（　　）

ザ・漢字 アラカルト ㉔

〈漢文でおなじみの故事成語 ①〉

・**圧巻**《あっかん》…書物などの中で最も優れた部分。
・**羹**《あつもの》**に懲**《こ》**りて膾**《なます》**を吹**《ふ》**く**…一度失敗したのに懲りて、必要以上に用心すること。
・**一炊**《いっすい》**の夢**《ゆめ》…人の世の栄枯盛衰のはかなさ。
・**臥薪嘗胆**《がしんしょうたん》…目的を果たすために、長い間苦労して努力すること。
・**画竜点睛**《がりょうてんせい》…最後の仕上げをすること。

・**杞憂**《きゆう》…取り越し苦労をすること。
・**牛耳**《ぎゅうじ》**る**…集団や団体の支配者となること。
・**漁父**《ぎょふ》**の利**《り》…二者が争う間に、第三者が利益を横取りすること。「漁夫の利」とも。
・**蛍雪**《けいせつ》**の功**《こう》…苦労して学問に励んだ成果。
・**紅一点**《こういってん》…多数の男性の中に、ただ一人の女性がいること。

・**呉越同舟**《ごえつどうしゅう》…仲の悪い者同士が、同じ場所にいたり、行動を共にしたりすること。
・**五十歩百歩**《ごじっぽひゃっぽ》…たいした違いがないこと。
・**塞翁**《さいおう》**が馬**《うま》…人生の幸・不幸は予測できないこと。「人間万事**《ばんじ》塞翁が馬」とも。
・**守株**《しゅしゅ》…古いしきたりを守り、融通がきかないこと。「株《かぶ》を守《まも》りて兎《うさぎ》を待《ま》つ」とも。

（63ページに続く）

30 ことわざの漢字と意味

ことわざは、古くから言いならわされてきた教訓や風刺を含み、生活の知恵にもなっている言葉である。次ページのことわざの意味も考えてみよう。

得点　　84点

（　月　日）

◇次の（　）に漢字一字を入れて、ことわざを完成させなさい。（1点×84）

□① 悪事（　）里を走る
□② 雨降って（　）固まる
□③（　）の上にも三年
□④ 一寸先は（　）
□⑤（　）に交われば赤くなる
□⑥（　）の耳に念仏
□⑦（　）の下の力持ち
□⑧ 鬼に（　）棒
□⑨（　）から出た錆《さび》
□⑩ 果報は（　）て待て
□⑪（　）の甲より年の功
□⑫ 枯れ木も（　）のにぎわい
□⑬ 木によりて（　）を求む
□⑭ 木を見て（　）を見ず

□⑮（　）ある鷹《たか》は爪を隠す
□⑯ 光陰（　）のごとし
□⑰ 弘法《こうぼう》にも（　）の誤り
□⑱ 転ばぬ（　）のつえ
□⑲（　）も歩けば棒に当たる
□⑳ せいては（　）を仕損じる
□㉑ 背に（　）は代えられぬ
□㉒ 船頭多くして船（　）に上る
□㉓ 立つ（　）跡を濁さず
□㉔ ちりも積もれば（　）となる
□㉕（　）とすっぽん
□㉖ 時は（　）なり
□㉗ どんぐりの（　）比べ
□㉘ ない（　）は振れない

□㉙（　）はわざわいの元
□㉚（　）元過ぎれば熱さを忘れる
□㉛ 人を（　）わば穴二つ
□㉜ 火のない所に（　）は立たぬ
□㉝（　）の顔も三度
□㉞ まかぬ（　）は生えぬ
□㉟（　）に短したすきに長し
□㊱ 三つ子の魂（　）まで
□㊲（　）の上のたんこぶ
□㊳ 楽あれば（　）あり
□㊴ 良薬は（　）に苦し
□㊵ 両雄（　）び立たず
□㊶ 類は（　）を呼ぶ
□㊷（　）より証拠

◇次の意味にあたることわざを右ページから選び、番号を書きなさい。（(ア)〜(セ)は①〜⑭、(ソ)〜(フ)は⑮〜㉘、(ヘ)〜(レ)は㉙〜㊷から選びなさい。）

□(ア) 悪い行いは自分に返ってくること。（　）
□(イ) 友達の影響を受けること。（　）
□(ウ) 陰で苦労して役に立つこと。（　）
□(エ) 細部にとらわれ全体を見誤ること。（　）
□(オ) かえって前よりも良くなること。（　）
□(カ) 手段を誤ると達成できないこと。（　）
□(キ) 何を言ってもききめがないこと。（　）
□(ク) 幸運はあせらずにじっくり持て。（　）
□(ケ) 何事もがまん強くやれば成功する。（　）
□(コ) つまらない物でもあった方がいい。（　）
□(サ) 悪いことはすぐ知れ渡ること。（　）
□(シ) 強いうえにさらに強くなること。（　）
□(ス) 長年の経験は貴重だということ。（　）
□(セ) 将来のことは予測できないこと。（　）

□(ソ) 思いがけないことに出会うこと。（　）
□(タ) 後始末をきちんとすること。（　）
□(チ) 持っていないものは出せないこと。（　）
□(ツ) 強者は力を見せびらかさないこと。（　）
□(テ) 指図が多くまとまらずに失敗する。（　）
□(ト) 非常に大きな差があること。（　）
□(ナ) 優れた者も失敗し得ること。（　）
□(ニ) 時間は大切だということ。（　）
□(ヌ) あまりあせると失敗しやすいこと。（　）
□(ネ) 小さな犠牲はやむを得ないこと。（　）
□(ノ) どれもみな同じようなものである。（　）
□(ハ) 月日がたつのは早いということ。（　）
□(ヒ) 小物もたまると大きくなること。（　）
□(フ) 失敗しないよう用心しておくこと。（　）

□(ヘ) 何もせずよい結果は得られぬこと。（　）
□(ホ) 世の中はいいことだけでないこと。（　）
□(マ) うわさが立つ以上原因があること。（　）
□(ミ) 理屈より事実が大切だということ。（　）
□(ム) 中途半端で役に立たないこと。（　）
□(メ) 自分より力があって邪魔なもの。（　）
□(モ) 苦しみも終われば忘れること。（　）
□(ヤ) ためになる忠告は聞きづらいこと。（　）
□(ユ) 人を陥れると自分も損をすること。（　）
□(ヨ) 似た者同士は自然に集まること。（　）
□(ラ) 小さい頃の性質は変わらないこと。（　）
□(リ) 言葉は慎むべきだということ。（　）
□(ル) 二人の英雄は共存できないこと。（　）
□(レ) 度が過ぎると誰でも怒ること。（　）

ザ・漢字 アラカルト ㉕

〈漢文でおなじみの故事成語 ②〉

- **春秋《しゅんじゅう》に富《と》む**…年が若くて将来があること。
- **四面楚歌《しめんそか》**…敵に囲まれて孤立すること。
- **推敲《すいこう》**…詩や文章の語句を練り直すこと。
- **杜撰《ずさん》**…誤りが多く、いいかげんなこと。
- **他山《たざん》の石《いし》**…他人の粗末な言葉や行いも、自分を磨く助けとなること。
- **蛇足《だそく》**…つけ加える必要のないもの。
- **竹馬《ちくば》の友《とも》**…幼い頃からの友達。
- **登竜門《とうりゅうもん》**…立身出世のための関門。
- **背水《はいすい》の陣《じん》**…決死の覚悟で事に当たること。
- **白眼視《はくがんし》**…冷たい目つきで人を見ること。
- **白眉《はくび》**…多くの中で最も優れている者。
- **百聞《ひゃくぶん》は一見《いっけん》にしかず**…何度も話を聞くより、一度実際に自分の目で見るほうが確かであるということ。
- **覆水《ふくすい》、盆《ぼん》に返《かえ》らず**…一度やってしまったことは、取り返しがつかないこと。
- **矛盾《むじゅん》**…前後のつじつまが合わず、食い違うこと。
- **有終《ゆうしゅう》の美《び》**…最終的な結果が立派なこと。
- **羊頭狗肉《ようとうくにく》**…内容が外見に伴わないこと。

本書に関する最新情報は，当社ホームページにある本書の「サポート情報」をご覧ください。(開設していない場合もございます。)

高校 トレーニングノートα 漢字

編著者　高校教育研究会
発行者　岡　本　明　剛
印刷所　岩岡印刷株式会社

発行所

© 株式会社 増進堂・受験研究社
〒550-0013
大阪市西区新町2丁目19番15号
電話 (06) 6532-1581㈹
FAX (06) 6532-1588

落丁・乱丁本はお取り替えします。　Printed in Japan　高廣製本

ひっぱると，はずして使えます。

Training Note

トレーニングノートα

漢字

解答・解説

解答編

(高)トレーニングノートα 漢字

×は間違えやすいものを示してある。
注は、注意事項として説明を加えてある。
解答の漢字は、常用漢字の範囲で示してある。

1 4ページ

①いとな
②うなが
③がかい
④ぎょうし ×ぎし
⑤ごい
⑥こうけん
⑦しっそう
⑧しっと
⑨つの ×あつめ(る)
⑩と
⑪ひそ ×しず(める)
⑫びみょう
⑬ふろ
⑭あざけ
⑮いっしゅう
⑯おせん
⑰かこく
⑱くちょう ×こうちょう
⑲しゃへい
⑳なぞ
㉑ふきゅう
㉒もう
㉓えんかつ ×えんこつ
㉔かんわ ×だんわ
㉕きかく
㉖けんそん
㉗こ ×ぎ
㉘せつな
㉙びぼう
㉚ふきゅう ×ふめつ
㉛ようえん
㉜いまし ×いさ(める)
㉝おだ ×ゆる(やか)
㉞おくびょう
㉟きんこ
㊱けんばん
㊲さっかく
㊳しんし
㊴せきつい
㊵だきょう
㊶ただよ
㊷できあい
㊸ぬぐ
㊹びんせん
㊺ゆううつ
㊻かくとく
㊼かたよ 注「編む」は「あむ」
㊽きゅうし 注「うすば」も可
㊾きろ
㊿くわ

2 6ページ

①けいだい ×けいない
②けんきょ
③こ
④こころ 注「試す」は「ためす」
⑤さんろく
⑥じゅうたい
⑦しょうさい
⑧せいさん
⑨たいかん
⑩たいだ
⑪たく
⑫ていさい ×たいさい
⑬なぐさ
⑭にゅうわ ×じゅうわ
⑮はんりょ
⑯ふほう
⑰ぶんせき
⑱まぎ
⑲むじゅん
⑳ゆる
㉑ようさい
㉒うつ 注「写る」は写真に撮るように姿や形をそのままうつしとること
㉓えしゃく ×かいしゃく
㉔おさ 注「抑える」はこらえること、「押さえる」は力でおしつけること。送り仮名のつけ方の違いにも注意
㉕おちい ×おち(る)
㉖おど 注「躍る」は気持ちがはずむこと、「踊る」は体を動かすこと
㉗か
㉘かっとう
㉙きょうしゅう
㉚きんきゅう
㉛こんせき
㉜さた
㉝しゅよう
㉞しょせん
㉟しょうれい ×げきれい
㊱せきはい
㊲せっちゅう
㊳せんべい
㊴そこ
㊵そまつ
㊶だま
㊷ちつじょ

㊸ちんちょう　×ちんじゅう
㊹ていねい
㊺てんさく
㊻はんよう
㊼ひよく
㊽へだ　×はな(れて)
㊾みょうり　×めいり
㊿や

3
8ページ

①宛
②浴　×沿
③往復　×住×複
④補　×しめすへん
⑤訪
⑥借　注「貸」は「か(す)」
⑦危険　×検
⑧貴重
⑨厳　注右下は「又」ではない
⑩応　×答
⑪采配
⑫隙
⑬専門　×問
⑭備　注「供」は神仏や高貴な人などに物を捧げること
⑮対象　注「対照」はてらし合わせること・はっきりした違いのこと、「対称」はつり合うこと
⑯伝統
⑰似　×以
⑱阪神
⑲複雑　×復・しめすへん
⑳慢心
㉑認
㉒郵便　注「垂」の部分に注意
㉓容易　×用意
㉔依頼
㉕過程　注「課程」は修得する範囲のこと、「仮定」はかりに決めること
㉖刻
㉗斬新　×暫・漸
㉘全
㉙招待　×紹
㉚存在　×在存
㉛誰
㉜判断　×半
㉝演奏　×奉・泰
㉞険　×検
㉟就職
㊱済
㊲責任
㊳専念　注「専」の右上に点をつけない
㊴創造　注「創造」は初めてつくり出すこと、「想像」は頭の中で思い浮べること
㊵耕
㊶貪欲　注「貪」の「今」を「令」と書かない
㊷弄
㊸勢
㊹引率　×卒
㊺機会　注「機械」は動力で動くもの、「器械」は器具・道具
㊻築
㊼拒否
㊽興奮
㊾準備
㊿芯

4
10ページ

①雑巾
②費
③臨　注「臨む」は面する・出席すること、「望む」は願う・遠くを見ること
④発揮　×輝
⑤減　×滅
⑥朗　×郎
⑦印象
⑧柿
⑨拡張
⑩関心　注「関心」は心にかけること、「感心」は心に感じ入ること
⑪競争　注「競争」は勝ち負けをあらそうこと、「競走」は速さをきそうこと
⑫警戒
⑬析
⑭誘
⑮資源
⑯救　×助
⑰捨　×拾
⑱正(精)確
⑲喪失
⑳唾液
㉑積　×績
㉒鍋
㉓眠
㉔貼　注「張」も可
㉕批評　×比
㉖負担
㉗設
㉘優　注「易しい」は簡単なこと
㉙予知　注「予知」は前もって知ること、「余地」はあまっている場所
㉚暑　注「暑い」は気温が高いこと、「熱い」はそのものの温度が高いこと

㉛厚
㉜誤　注「謝る」はわびること
㉝意外　注「以外」はその他のもの
㉞著
㉟印刷
㊱移　×映・写
㊲延期　×廷
㊳沿線
㊴推　注「推す」は推薦すること、「押す」は力を加えて動かすこと
㊵俺
㊶可能　×態
㊷鎌
㊸簡単
㊹元旦
㊺牙(牙)
㊻経過
㊼講演　注「講演」はある題目について人前で話すこと、「公演」は演劇や音楽を演ずること
㊽対照　×対象・対称
㊾忠告　×注
㊿潰

5　12ページ

①虹
②載
③瞳
④平均　注「キン」の右は「勺」ではない
⑤貿易
⑥訪問　×門
⑦任
⑧幹
⑨導
⑩難
⑪弄　×奔
⑫許
⑬安易　×意
⑭案外　×安
⑮射　×謝　注「居る」は存在すること、「要る」は必要なこと、「鋳る」は金属をとかして器物を作ること
⑯宇宙　×「チュウ」の「由」の上に横棒をつけない
⑰延長　×廷
⑱温厚　×好
⑲崖
⑳要
㉑疑問　×門
㉒筋肉
㉓串
㉔限界
㉕検討　注「見当」はだいたいを予想すること
㉖後悔
㉗功績　×積
㉘構造
㉙頃
㉚爽
㉛鹿
㉜叱
㉝勧　注「勧める」はそうするように相手に話すこと、「薦める」は人に紹介すること、「進める」は物事を先の方へ動かすこと
㉞整頓
㉟勤　注「勤める」は職場で仕事をすること、「務める」は役目を受け持つこと、「努める」は努力すること
㊱展覧
㊲閑
㊳整　注「整える」はそろえたりせいとんしたりすること、「調える」は手落ちなく用意すること
㊴萎
㊵背景　×形
㊶果　×遂
㊷保存　×在
㊸招　×紹
㊹迷　×惑
㊺胸
㊻基　×本・元
㊼燃　×然
㊽豊
㊾予測　×則
㊿呼　×叫

6　14ページ

①商う
②諦める
③挙げる　×上
④憧れる
⑤暖かい　注「暖かい」は「暖かい日ざし・暖かい気候」などと使い、「温かい」は「心の温かな人・温かなごはん」などと使う
⑥新しい
⑦扱う
⑧危うく
⑨怪しい
⑩誤り　×謝
⑪著す　注「著す」は書物を書いて出版すること、「表す」は気持ちや意味を言葉や表情で表現すること、「現す」は人の目に見えるようにすること
⑫潔く
⑬勇ましい

⑭至る
⑮著しい
⑯営む
⑰承る
⑱疑い
⑲訴える　注右は「斤」ではない
⑳敬う　×尊
㉑羨む
㉒拝む
㉓補う　×しめすへん
㉔遅れる　×後
㉕興す　×起
㉖収める　注「収める」は手に入れる・しまう・よい結果を得ること、「納める」は支払うこと、「治める」は統治すること、「修める」は学問や技術を身につけること
㉗恐ろしい　×怖
㉘穏やか　×隠
㉙訪れる

㉚覚える
㉛降ろす　×下・卸
㉜省みる　注「省みる」は反省すること、「顧みる」は後ろを見る・過去を思い起こすこと
㉝輝く　×光
㉞傾ける　×片向け
㉟奏でる　×奉・泰
㊱兼ねる
㊲鑑みる
㊳競う　×争
㊴暮らす
㊵比べる　×較
㊶険しい　×検
㊷志す　×心指す
㊸試みる　×心見る
㊹快い　×心良い
㊺断る
㊻好ましい
㊼転がる

㊽栄える
㊾逆らう
㊿蔑む

7

16ページ

①従う　×徒
②退く
③少なく
④勧める　×進・薦
⑤捨てる　×拾
⑥鋭い
⑦狭い　×挟
⑧迫る
⑨注ぐ
⑩備える　×供
⑪耕す

⑫確かめる
⑬頼もしい
⑭縮まる
⑮費やす
⑯仕える　×使
⑰捕まえる
⑱拙い
⑲連ねる
⑳整え　×調
㉑唱える　×称
㉒伴う　×供
㉓滑らか
㉔並べ
㉕苦い　注「くるしい」は「苦しい」
㉖逃がす　注「のがす」は「逃す」
㉗罵る
㉘延ばす　注「延ばす」は延期すること、「伸ばす」は広げる・盛んにすること
㉙励ます

㉚果たす
㉛率いる　×卒
㉜隔たり
㉝朗らか　×郎
㉞施す
㉟滅ぼす　×減
㊱短く
㊲乱れる
㊳認める　×任
㊴迎え　×向
㊵恵まれる
㊶珍しい　×診
㊷設ける
㊸用い
㊹催す
㊺易しい　×優
㊻養う
㊼和らげる　注「和む」は「なごむ」
㊽弱まる

㊾災い　×禍
㊿忘れる

8

18ページ

①あせ
②こ
③あつ
④つど
⑤あやま
⑥す
⑦あらわ
⑧いちじる　×いちぢる
⑨い
⑩は
⑪う
⑫お
⑬うらな
⑭し

⑮ え
⑯ わら
⑰ おお
⑱ くつがえ
⑲ おこた
⑳ なま
㉑ すぐ
㉒ やさ
㉓ おごそ
㉔ きび
㉕ おとず《×おとづ》
㉖ たず《×たづ》
㉗ はぶ
㉘ かえり《×こころ》
㉙ さ
㉚ ひ
㉛ つめ
㉜ か
㉝ ま

㉞ さば
㉟ た
㊱ し
㊲ そ
㊳ そだ
㊴ はぐく
㊵ そと
㊶ ほか
㊷ はず《×はづ》
㊸ すみ
㊹ はや
㊺ と
㊻ は

注「跳ぶ」ははねること、「飛ぶ」は空をかけること

㊼ なご
㊽ やわ
㊾ かつ
㊿ にな

9 20ページ

① うむ《×ゆうむ》
② ゆうすう
③ あくしつ
④ おかん
⑤ おうとう《×おおとう》
⑥ はんのう
⑦ かいごう
⑧ えしゃく《×かいしゃく》
⑨ ごういん
⑩ きょうか
⑪ はつげん
⑫ でんごん
⑬ きょくりょく
⑭ ごくらく
⑮ しつむ
⑯ しゅうねん

⑰ じょうほう
⑱ ふぜい
⑲ せいだい
⑳ はんじょう
㉑ れいせい
㉒ じょうみゃく
㉓ せいしつ
㉔ あいしょう
㉕ けいそつ
㉖ こうりつ
㉗ きぼ
㉘ もけい
㉙ ずつう
㉚ とうぶ
㉛ おんど
㉜ ごうどう《×ごおどう》
㉝ がったい
㉞ かっせん

㉟ りゅう
㊱ ゆらい
㊲ ゆいしょ
㊳ びんじょう
㊴ べんり
㊵ なっとく
㊶ なんど
㊷ のうにゅう
㊸ りょうし
㊹ ぎょぎょう
㊺ らくえん
㊻ おんがく
㊼ ふうりん
㊽ よれい
㊾ あんい
㊿ ぼうえき

10 22ページ

① あずき《×あづき》
② あま
③ いおう《×いおお》
④ いくじ《×いきじ》
⑤ いなか
⑥ いぶき
⑦ うなばら
⑧ うば
⑨ うわき
⑩ うわつく
⑪ えがお
⑫ おじ
⑬ おとめ
⑭ おば
⑮ おまわりさん
⑯ おみき
⑰ おもや

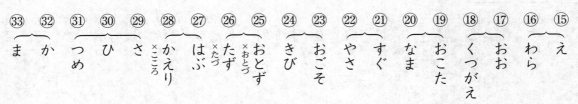

⑱かぐら
⑲かし
⑳かじ
㉑かぜ
㉒かたず
㉓かな
㉔かや
㉕かわせ
㉖かわら
㉗くだもの
㉘くろうと ×くろおと
㉙けさ
㉚ここち
㉛こじ
㉜さおとめ
㉝ざこ
㉞さじき
㉟さしつかえる
㊱さつき

㊲さなえ
㊳さみだれ
㊴しぐれ
㊵しっぽ
㊶しない
㊷しにせ
㊸しばふ
㊹しゃみせん
㊺じゃり
㊻じゅず
㊼しらが ×はくはつ
㊽しろうと
㊾しわす 注「しはす」も可
㊿すきや

11 24ページ

①すもう
②ぞうり
③だし
④たち
⑤たちのく
⑥たなばた
⑦たび
⑧ちご
⑨ついたち ×いちにち
⑩つきやま
⑪つゆ ×ばいう
⑫でこぼこ ×おうとつ
⑬てつだい
⑭てんません
⑮とあみ
⑯とえはたえ
⑰どきょう ×どっきょう

⑱とけい
⑲ともだち
⑳なこうど
㉑なごり
㉒なだれ
㉓のら
㉔のりと
㉕はかせ ×はくし
㉖はたち ×にじゅう
㉗はつか ×にじゅうにち
㉘はとば
㉙ひより
㉚ふぶき
㉛へた
㉜まいご
㉝まじめ
㉞まっか
㉟まっさお
㊱みやげ

㊲むすこ
㊳めがね ×がんきょう
㊴もさ
㊵もみじ ×こうよう
㊶もめん
㊷もより
㊸やおちょう
㊹やおや
㊺やまと ×だいわ
㊻やよい
㊼ゆかた
㊽ゆくえ
㊾よせ
㊿わこうど

12 26ページ

①あんぎゃ
②いっつい ×いったい
③いと ×いず
④うちょうてん
⑤かいが
⑥かせん
⑦かんきょう ×かんこう
⑧がんきん ×げんきん
⑨きゅうかく ×しゅうかく
⑩ぎょうそう 注「けいそう」も可
⑪きんもつ
⑫くおん ×きゅうえん
⑬くもつ ×くぶつ
⑭げか
⑮げし
⑯げねつ
⑰けねん

⑱けはい ×きはい
⑲けびょう
⑳こうお ×こうあく
㉑こうせい
㉒こうとう ×くとう
㉓ごくい
㉔こくびゃく 注「白黒」は「しろくろ」
㉕こんじょう
㉖こんりゅう 注「けんりつ」も可
㉗さいご ×さいき
㉘さしず ×さしづ
㉙さっぷうけい
㉚さはんじ ×ちゃはんじ
㉛さほう
㉜じきひつ
㉝しさ
㉞しせい
㉟したく
㊱しゃくどう ×せきどう

㊲じゅうおう ×たてよこ
㊳しゅうしゅう
㊴しゅぎょう 注「修行」は仏道や芸術の道をきわめようと努力すること、「修業」（しゅうぎょう）は学問・技芸などを習得すること、「修業」（しゅぎょう）は習い修めること
㊵しゅこう
㊶しゅしょう ×しゅそう
㊷じょうじゅ ×せいしゅう
㊸しょうじん
㊹じょうせき ×ていせき
㊺しょうに
㊻じょうぶつ
㊼しょうぶん ×せいぶん
㊽しんく ×まっか・しんこう
㊾すいこう ×ついこう
㊿すいとう

13
28ページ

①すじょう
②せいきょ
③せっしょう ×さっしょう
④ぜひ
⑤ぜんじ ×ざんじ
⑥ぞうきばやし ×ぞおきばやし
⑦そうさ ×そおさ
⑧そうさい ×そうさつ
⑨だいり ×ないり
⑩だんじき ×だんしょく
⑪たんもの ×はんもの
⑫ちき ×ちこ
⑬ちくじ
⑭ちょうほう
⑮ちんしゃ
⑯ていさい
⑰どうさ

---

⑱とうてん
⑲なっとく
⑳なんど
㉑にゅうわ ×じゅうわ
㉒にょじつ
㉓ばくろ ×ぼうろ
㉔はつが
㉕はっくつ ×ほっくつ
㉖はんれい ×ぼんれい
㉗ひごう ×ひぎょう
㉘びんじょう
㉙ふくいん ×ふくおん
㉚ぶさほう
㉛ぶしょう
㉜ふぜい ×ふじょう
㉝ぶぜい ×ぶせい・むせい
㉞ふべん
㉟ぶれい

㊱ふんべつ 注「ぶんべつ」は区別すること
㊲ほっきにん ×はっきにん
㊳ほっさ ×はっさく
㊴ほっしん ×はっしん
㊵ほんもう
㊶みすい
㊷むごん ×むげん
㊸やきん
㊹ゆいしょ
㊺ゆいごん ×いごん
㊻ゆうぜい
㊼ゆえつ
㊽らんぞう ×かんぞう
㊾るふ ×りゅうふ
㊿ろくしょう ×りょくせい

14 30ページ

① 愛　② 受　③ 椅　④ 埼　⑤ 委　⑥ 季　⑦ 飲　⑧ 飯　⑨ 因　⑩ 困　⑪ 宇　⑫ 芋　⑬ 科　⑭ 料

⑮ 貨　⑯ 貸　⑰ 賃　⑱ 快　⑲ 決　⑳ 開　㉑ 関　㉒ 閉　㉓ 問　㉔ 観　㉕ 歓　㉖ 勧　㉗ 畿　㉘ 幾

㉙ 記　㉚ 紀　㉛ 寄　㉜ 奇　㉝ 僅（僅）　㉞ 謹　㉟ 考　㊱ 孝　㊲ 老　㊳ 使　㊴ 便

㊵ 腎　㊶ 賢　㊷ 膳　㊸ 繕　㊹ 狙　㊺ 粗　㊻ 組　㊼ 祖　㊽ 待　㊾ 持　㊿ 特

15 32ページ

① 境　② 鏡

③ 弟　④ 第

⑤ 楽　⑥ 薬　⑦ 徴　⑧ 微　⑨ 捗（捗）　⑩ 渉　⑪ 爪　⑫ 瓜　⑬ 帳　⑭ 張　⑮ 復　⑯ 複　⑰ 腹　⑱ 則　⑲ 測　⑳ 側

㉑ 璧　㉒ 壁　㉓ 永　㉔ 氷　㉕ 末　㉖ 未　㉗ 福　㉘ 副　㉙ 険　㉚ 検　㉛ 験　㉜ 識　㉝ 織　㉞ 職

㉟ 栽　㊱ 裁　㊲ 載　㊳ 拾　㊴ 捨　㊵ 蜜　㊶ 密　㊷ 歴　㊸ 暦

㊹ 適　㊺ 敵　㊻ 喩（喩）　㊼ 愉　㊽ 輸　㊾ 陸　㊿ 睦

16 34ページ

① 相　② 藍　③ 明　④ 開　⑤ 空

⑥ 上　⑦ 揚　⑧ 挙　⑨ 朝　⑩ 麻

⑪ 価　⑫ 値　⑬ 暖　⑭ 温　⑮ 厚　⑯ 熱　⑰ 暑　⑱ 誤　⑲ 謝　⑳ 表　㉑ 現　㉒ 著　㉓ 痛　㉔ 傷

㉕ 入　㉖ 居　㉗ 要　㉘ 射　㉙ 植　㉚ 飢　㉛ 打　㉜ 討　㉝ 撃　㉞ 写　㉟ 映　㊱ 移　㊲ 生　㊳ 産

㊴ 柄　㊵ 餌（餌）　㊶ 負　㊷ 追　㊸ 犯　㊹ 侵　㊺ 冒　㊻ 送　㊼ 贈　㊽ 怒　㊾ 興　㊿ 収　(51) 納　(52) 治　(53) 修

(54) 押　(55) 推　(56) 表　(57) 面　(58) 折　(59) 織　(60) 降　(61) 下　(62) 交　(63) 買　(64) 飼　(65) 返　(66) 帰　(67) 省　(68) 顧

⑲変 ⑳換 ㉑替 ㉒代

(69)変 (70)換 (71)替 (72)代
(73)賭（賭） (74)掛 (75)駆

17
36ページ

①陰 ②影 ③型 ④形 ⑤方 ⑥片 ⑦肩 ⑧堅 ⑨固 ⑩硬
⑪上 ⑫神 ⑬紙 ⑭髪 ⑮刈 ⑯狩 ⑰皮 ⑱川 ⑲革
⑳聞 ㉑聴 ㉒効 ㉓利 ㉔請 ㉕乞 ㉖越 ㉗超 ㉘肥 ㉙下 ㉚提 ㉛刺 ㉜指 ㉝差 ㉞覚 ㉟冷
㊱閉 ㊲占 ㊳絞 ㊴締 ㊵進 ㊶勧 ㊷薦 ㊸澄 ㊹済 ㊺責 ㊻攻 ㊼沿 ㊽添 ㊾供 ㊿備
(51)絶 (52)耐 (53)堪 (54)立 (55)建 (56)断 (57)裁 (58)付 (59)着 (60)就 (61)突 (62)次 (63)継 (64)接
(65)創 (66)造 (67)努 (68)勤 (69)務 (70)解 (71)説 (72)整 (73)調 (74)止 (75)泊

18
38ページ

①供 ②友 ③共 ④採 ⑤取 ⑥捕 ⑦執 ⑧撮 ⑨直 ⑩治 ⑪長 ⑫永 ⑬鳴 ⑭泣
⑮無 ⑯亡 ⑰成 ⑱鳴 ⑲根 ⑳値 ㉑寝 ㉒練 ㉓乗 ㉔載 ㉕望 ㉖臨 ㉗延 ㉘伸
㉙上 ㉚昇 ㉛登 ㉜歯 ㉝葉 ㉞刃 ㉟量 ㊱図 ㊲計 ㊳測 ㊴諮 ㊵箸（箸） ㊶端 ㊷橋
㊸放 ㊹離 ㊺話 ㊻早 ㊼速 ㊽晴 ㊾腫 ㊿降 (51)振 (52)減 (53)経 (54)間 (55)真 (56)目 (57)群 (58)蒸
(59)元 (60)下 (61)優 (62)易 (63)破 (64)敗 (65)屋 (66)家 (67)矢 (68)読 (69)詠 (70)因 (71)寄 (72)沸 (73)湧
(74)業 (75)技

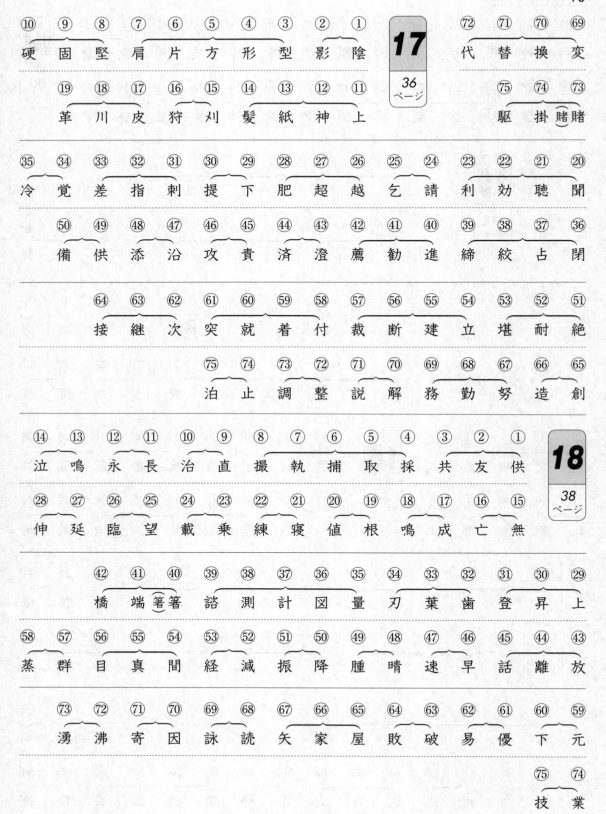

19
40ページ

①以外 ②意外 ③意義 ④異議 ⑤遺稿 ⑥意向 ⑦移行 ⑧以降 ⑨移動 ⑩異動 ⑪異同 ⑫改心 ⑬会心（×快） ⑭改新

⑮海底 ⑯改訂 ⑰回答 ⑱解答 ⑲解放 ⑳開放 ㉑介抱 ㉒快方 ㉓革新 ㉔確信 ㉕核心 ㉖過程 ㉗課程 ㉘仮定

㉙感傷 ㉚観賞 ㉛鑑賞 ㉜干渉 ㉝関心 ㉞感心 ㉟歓心 ㊱寒心 ㊲完成 ㊳閑静 ㊴歓声 ㊵汗腺（×線） ㊶艦船 ㊷観戦 ㊸感染

㊹器械 ㊺機械 ㊻機会 ㊼紀行（×記） ㊽気候（×季） ㊾機構 ㊿寄稿

20
42ページ

①帰省 ②寄生 ③既成 ④既製 ⑤規制

⑥基点 ⑦起点 ⑧機(気)転 ⑨気迫 ⑩希(稀)薄 ⑪強調 ⑫協調 ⑬起立 ⑭規律 ⑮行為 ⑯好意 ⑰厚意 ⑱高価 ⑲効果 ⑳校歌

㉑公開 ㉒航海 ㉓後悔 ㉔公害 ㉕郊外（×効） ㉖口外 ㉗高貴 ㉘好奇 ㉙厚生 ㉚更生 ㉛公正 ㉜校正 ㉝構成

㉞行程 ㉟工程 ㊱校庭 ㊲肯定 ㊳公認 ㊴後任 ㊵勾配 ㊶購買 ㊷細心 ㊸最新 ㊹支給 ㊺至急 ㊻事故 ㊼自己（×已）

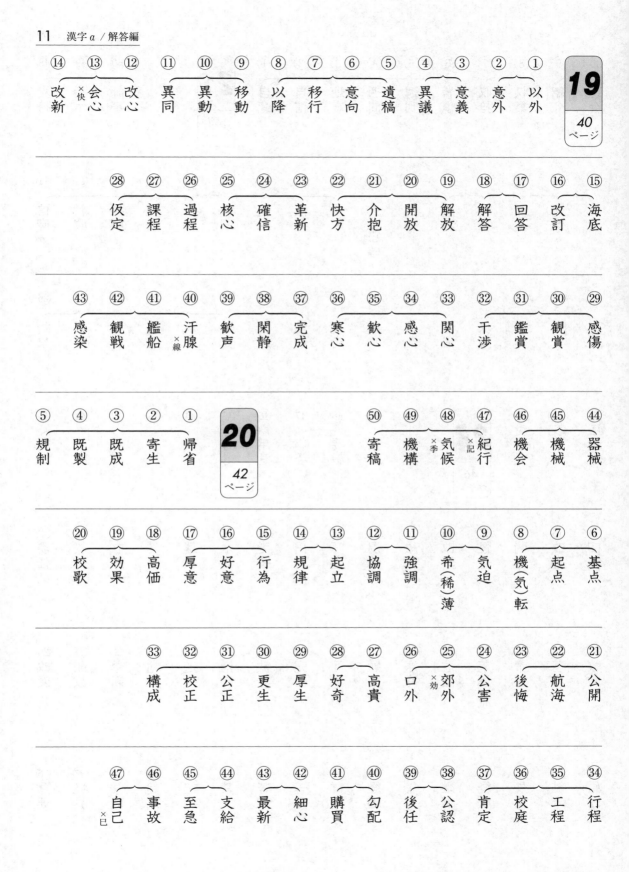

⑱ 支持 ⑲ 指示 ㊿ 師事

21 44ページ

① 自身 ② 自信 ③ 地震 ④ 週間 ⑤ 週刊（×間） ⑥ 習慣 ⑦ 収拾（×拾収） ⑧ 収集 ⑨ 紹介（×招） ⑩ 照会

⑪ 信仰 ⑫ 新興 ⑬ 振興 ⑭ 親交 ⑮ 新鮮 ⑯ 深浅 ⑰ 進入 ⑱ 侵入 ⑲ 浸入 ⑳ 正(精)確 ㉑ 性格 ㉒ 成功 ㉓ 精巧 ㉔ 創造 ㉕ 想像

㉖ 対象 ㉗ 対照 ㉘ 対称 ㉙ 追及 ㉚ 追求 ㉛ 追究 ㉜ 転嫁 ㉝ 添加 ㉞ 逃走 ㉟ 闘争 ㊱ 反乱 ㊲ 氾濫 ㊳ 保険（×検） ㊴ 保健（×建）

㊵ 保障 ㊶ 保証 ㊷ 補償 ㊸ 有料 ㊹ 優良 ㊺ 容易 ㊻ 用意 ㊼ 容姿 ㊽ 要旨 ㊾ 余地 ㊿ 予知

22 46ページ

① 愛好 ② 哀愁 ③ 圧迫

④ 委任 ⑤ 畏怖 ⑥ 衣服 ⑦ 異変 ⑧ 運搬 ⑨ 永久 ⑩ 延長（×廷） ⑪ 円満 ⑫ 旺盛 ⑬ 温和 ⑭ 絵画 ⑮ 改革 ⑯ 怪奇 ⑰ 開始 ⑱ 改善 ⑲ 回転

⑳ 改変 ㉑ 開放（×解） ㉒ 革新 ㉓ 覚醒 ㉔ 過失 ㉕ 活動 ㉖ 歓喜（×観） ㉗ 完全 ㉘ 簡単 ㉙ 願望 ㉚ 寒冷 ㉛ 危険（×検） ㉜ 起源(原) ㉝ 希望 ㉞ 基本 ㉟ 救助

㊱ 急速 ㊲ 境界 ㊳ 強固 ㊴ 起立 ㊵ 記録 ㊶ 禁止 ㊷ 苦難 ㊸ 苦労 ㊹ 群集（×郡×衆） ㊺ 経過 ㊻ 警戒 ㊼ 継承 ㊽ 経歴 ㊾ 欠損 ㊿ 結末 (51) 原因

52 厳重
53 減少 ×減×小
54 建設
55 建築
56 恒常
57 広大
58 荒廃
59 幸福
60 光明
61 根源(元)
62 根本
63 混乱
64 採集 ×取
65 災難
66 作成
67 参加
68 参拝
69 思案
70 試験
71 資源
72 思考 ×孝
73 指示 ×事
74 辞退
75 失敗

23

48ページ

1 児童
2 志望
3 周囲
4 習慣
5 収集
6 羞恥
7 終末 ×未
8 守衛
9 取得
10 狩猟
11 証拠
12 正直
13 消失
14 省略
15 除去 ×徐
16 親戚
17 辛辣
18 清潔
19 制限
20 生産
21 清純
22 生存
23 整理
24 切断
25 設備
26 戦争
27 増加
28 倉庫
29 測量 ×側
30 尊敬
31 損失
32 堆積
33 単純
34 断絶
35 単独
36 談話
37 知識 ×織
38 緻密
39 調査
40 通過
41 提供
42 締結
43 停止
44 程度
45 適当
46 展開 ×回
47 添付
48 洞窟
49 都市
50 捻挫
51 燃焼
52 納入
53 配給
54 背後
55 破綻
56 必須
57 秘密
58 複雑
59 服従
60 分割
61 変化
62 包囲
63 防護 ×獲
64 法則
65 豊富
66 捕捉
67 保存
68 補塡(填)
69 埋没
70 養育
71 要求
72 利益
73 瑠璃
74 連続
75 賄賂

24

50ページ

1 あいぞう
2 安否
3 異同
4 因果
5 こうお ×こうあく
6 えいこ
7 遠近
8 おうとつ 注「でこぼこ」は「凸凹」
9 往復

⑩開閉
⑪こくびゃく　注「白黒」は「しろくろ」
⑫寒暖
⑬起伏
⑭強弱
⑮きょじつ
⑯苦楽
⑰軽重
⑱慶弔
⑲光陰
⑳うむ　×ゆうむ
㉑功罪
㉒公私
㉓攻守
㉔巧拙
㉕紅白　×赤

㉖興亡
㉗呼吸
㉘かんきゅう　×だんきゅう
㉙ここん　注『古今和歌集』の場合は「こきん」
㉚細大
㉛裁縫
㉜山河
㉝賛否
㉞死活
㉟自他
㊱しゅかく　×しゅきゃく
㊲集散
㊳収支
㊴終始　×始終
㊵じゅうおう
㊶じゅきゅう

㊷しんぎ　×しんい
㊸授受　×受授
㊹主従
㊺出欠
㊻首尾
㊼乗降
㊽賞罰　×罪
㊾しゅしゃ
㊿新旧

25
52ページ

①しんせん
②たいしゃく　×かしかり
③正誤
④盛衰
⑤正副　×福

---

⑥でこぼこ　注「おうとつ」は「凹凸」
⑦善悪
⑧前後
⑨送迎
⑩増減
⑪損益
⑫存亡
⑬すいとう
⑭多寡
⑮脱着
⑯断続
⑰単複
⑱昼夜
⑲長短
⑳ぜひ
㉑てんさく

㉒天地
㉓点滅　×減
㉔動静
㉕投打
㉖当落
㉗得失
㉘難易
㉙認否
㉚濃淡
㉛売買　×買売
㉜発着
㉝悲喜
㉞よくよう
㉟表裏
㊱貧富
㊲夫婦

㊳腹背
㊴浮沈
㊵本末　×未
㊶明暗
㊷名実
㊸問答
㊹優劣
㊺びしゅう
㊻利害
㊼労使
㊽ろうにゃく　×ろうじゃく
㊾和漢
㊿和洋

26
54ページ

①案内状

---

②宇宙服
③有頂天　×点
④営業所
⑤衛生的
⑥栄養素
⑦演出家
⑧楷書体　×階
⑨街路樹
⑩歌舞伎　×技
⑪貨物船　×貸
⑫観客席
⑬玩具屋
⑭寒暖計
⑮漢方薬
⑯慣用句
⑰機関車

⑱貴金属　⑲揮発油（×輝）　⑳救助隊　㉑形骸化　㉒警察署（×所）　㉓健康法　㉔検査官　㉕現実的　㉖原始林　㉗降雨量　㉘効果的　㉙航空路　㉚呼吸器　㉛最大限　㉜裁判所（×裁・載）　㉝司会者

㉞試写会　㉟指導法　㊱始発駅　㊲写実的　㊳消火器　㊴針葉樹　㊵水蒸気　㊶成績表(票)（×積）　㊷積極的（×績）　㊸背番号　㊹専門家（×問）　㊺総決算　㊻総合的　㊼即戦力　㊽測候所（×側×侯）　㊾大規模

㊿太陽系

27
56ページ

①短期間　②探検(険)隊　③超能力　④著作権　⑤貯蔵庫　⑥通信機　⑦提案者　⑧定期券　⑨定型詩（×形）　⑩停留所　⑪電磁石　⑫天守閣　⑬天王山

⑭展望台（×天）　⑮導火線　⑯討論会　⑰特派員　⑱特許権　⑲内服薬　⑳難破船（×波）　㉑日記帳　㉒認定書　㉓農耕地　㉔脳貧血　㉕乗組員　㉖拝観料　㉗博物館　㉘反作用　㉙微生物（×徴）

㉚風来坊　㉛副作用（×福）　㉜無(不)作法　㉝不思議　㉞負担金　㉟放射状　㊱暴風雨　㊲発起人　㊳哺乳類　㊴未曽有　㊵無差別　㊶模造紙　㊷遊園地　㊸郵送料　㊹遊覧船　㊺輸送量（×輪）

㊻葉緑素（×縁）　㊼利己的（×已）　㊽類似品（×以）　㊾冷暖房　㊿論理的

28
58ページ

①苦　②伝　③瞭（×僚・両）　④夕（×石）　⑤深　⑥盛　⑦故（×古）　⑧田　⑨量　⑩勧　⑪髪（×発）　⑫回　⑬疑　⑭楽　⑮傲　⑯稽(稽)　⑰霧（×夢）　⑱兼

⑲画（×我）　⑳誤　㉑食　㉒無　㉓末（×未）　㉔支　㉕機（×気）　㉖棒（×膨）　㉗体（×対）　㉘別　㉙未（×末）　㉚変　㉛器　㉜堆（×大）　㉝単（×短）　㉞頭　㉟天　㊱奔　㊲進（×新）　㊳馬　㊴疑　㊵眉（×美）　㊶戴（×載）　㊷和　㊸無　㊹夢　㊺味　㊻優　㊼有　㊽虎（×固）　㊾尾　㊿臨

29（60ページ）

①塩 ②足 ③肝 ④穴 ⑤食 ⑥足 ⑦髪 ⑧天 ⑨茶 ⑩釜 ⑪脇（×協） ⑫火 ⑬肘 ⑭脱 ⑮手 ⑯鼻 ⑰頭 ⑱車 ⑲火 ⑳子 ㉑巻 ㉒尻 ㉓涙 ㉔置 ㉕枕 ㉖鶴 ㉗塩 ㉘汗 ㉙角 ㉚錦 ㉛踏 ㉜手 ㉝耳 ㉞葉 ㉟膝 ㊱曲 ㊲頬（頰） ㊳宝 ㊴股 ㊵石 ㊶風 ㊷恩

■61ページ

(ア)⑦ (イ)③ (ウ)⑪ (エ)⑨ (オ)① (カ)⑬ (キ)⑤ (ク)⑭ (ケ)⑫ (コ)② (サ)⑧ (シ)⑩ (ス)④ (セ)⑥ (ソ)⑳ (タ)⑱ (チ)㉒ (ツ)㉕ (テ)⑯ (ト)㉘ (ナ)⑰ (ニ)⑲ (ヌ)㉗ (ネ)㉔ (ノ)⑮ (ハ)㉖ (ヒ)㉑ (フ)㉓ (ヘ)㊱ (ホ)㉜ (マ)㉟ (ミ)㊶ (ム)㉚ (メ)㉞ (モ)㊷ (ヤ)㊴ (ユ)㉛ (ヨ)㊳ (ラ)㊵ (リ)㉙ (ル)㊲ (レ)㉝

30（62ページ）

①千 ②地 ③石 ④闇 ⑤朱 ⑥馬 ⑦縁（×緑） ⑧金 ⑨身 ⑩寝 ⑪亀 ⑫山 ⑬魚 ⑭森 ⑮能 ⑯矢 ⑰筆 ⑱先 ⑲犬 ⑳事 ㉑腹 ㉒山 ㉓鳥 ㉔山 ㉕月 ㉖金 ㉗背 ㉘袖 ㉙口 ㉚喉 ㉛呪 ㉜煙 ㉝仏 ㉞種 ㉟帯 ㊱百 ㊲目 ㊳苦 ㊴口 ㊵並 ㊶友 ㊷論

■63ページ

(ア)⑨ (イ)⑤ (ウ)⑦ (エ)⑭ (オ)② (カ)⑬ (キ)⑥ (ク)⑩ (ケ)③ (コ)⑫ (サ)① (シ)⑧ (ス)⑪ (セ)④ (ソ)⑲ (タ)㉓ (チ)㉘ (ツ)⑮ (テ)㉒ (ト)㉕ (ナ)⑰ (ニ)㉖ (ヌ)⑳ (ネ)㉑ (ノ)㉗ (ハ)⑯ (ヒ)㉔ (フ)⑱ (ヘ)㉞ (ホ)㊳ (マ)㉜ (ミ)㊷ (ム)㉟ (メ)㊲ (モ)㉚ (ヤ)㊴ (ユ)㉛ (ヨ)㊶ (ラ)㊱ (リ)㉙ (ル)㊵ (レ)㉝